Der Blick auf das Fremde

Stefan Zweigs
Brasilien. Ein Land der Zukunft

von

Xenia Pooth

Tectum Verlag
Marburg 2005

Pooth, Xenia:
Der Blick auf das Fremde.
Stefan Zweigs *Brasilien. Ein Land der Zukunft.*
/ von Xenia Pooth
- Marburg : Tectum Verlag, 2005
ISBN 978-3-8288-8928-6

© Tectum Verlag

Coverfoto: http://www.pixelquelle.de

Tectum Verlag
Marburg 2005

„Aber wenn dieses Buch wirklich im geistigen Sinne eine Einheit darstellt, so ist sie es einzig durch meinen Lebenswillen zur Überparteilichkeit in allen Dingen geworden, durch die unbeugsame Anspannung, auch das Fremdeste zu verstehen, immer Völker und Zeiten, Gestalten und Werke nur in ihrem positiven, ihrem schöpferischen Sinn zu bewerten und durch solches Verstehenwollen und Verstehenmachen demütig, aber treu unserem unzerstörbaren Ideal zu dienen: der humanen Verständigung zwischen Menschen, Gesinnungen, Kulturen, Nationen."

(Stefan Zweig)

Inhaltsverzeichnis

1. **Einleitung**   1
   - 1.1. Die Entstehung von Stefan Zweigs Brasilien-Buch   2
   - 1.2. Der Reisebericht als literarische Gattung   4
   - 1.3. Literaturwissenschaft, Kulturwissenschaft, Ethnologie   6

2. **Das Forschungsinteresse an Stefan Zweig und seinem Brasilien-Buch**   11

3. **Argumentationsstrategien in „Brasilien. Ein Land der Zukunft"**   15
   - 3.1. Einleitung   16
   - 3.2. Geschichte   26
   - 3.3. Wirtschaft   35
   - 3.4. Kultur   45
   - 3.5. Brasilianische Städte   59
     - 3.5.1. Rio de Janeiro   59
     - 3.5.2. São Paulo   63
     - 3.5.3. Ouro Preto   65
     - 3.5.4. Salvador de Bahia   67
   - 3.6. Resümee   71

4. **Einflussfaktoren für die Sicht Stefan Zweigs auf Brasilien**   77
   - 4.1. Der österreichisch-ungarische Vielvölkerstaat   77
   - 4.2. Europa in der Zeit zwischen den beiden Weltkriegen   79
   - 4.3. Die kulturelle Prägung Stefan Zweigs   80
   - 4.4. Humanistisches Ideal und jüdische Abstammung Stefan Zweigs   81
   - 4.5. Die Exilsituation   83
   - 4.6. Brasilien als traditionelle Projektionsfläche utopischer Vorstellungen vom 'Land der Zukunft'   87
   - 4.7. „Brasilien. Ein Land der Zukunft" – eine Auftragsarbeit?   90

5. **Die brasilianische 'Realität'**   93
   - 5.1. Die Rolle der Jesuiten in der brasilianischen Geschichte   93
   - 5.2. Die historisch-politische Situation: Der 'Estado Novo' unter Getúlio Vargas   95
   - 5.3. Industrialisierung und Wirtschaftswachstum   98
   - 5.4. Multikulturelle Nation und Rassenproblematik in Brasilien   99
   - 5.5. Soziale Ungleichheit in Brasilien   100
   - 5.6. Die Kultur Brasiliens   101
   - 5.7. Der Aufbruch brasilianischer Kunst   102
   - 5.8. Rezeption und Reaktion auf „Brasilien. Ein Land der Zukunft" vor Ort   104

6. Schluss 107

7. Literaturverzeichnis 109

1. Einleitung

Der Titel des vorliegenden Buches ´Der Blick auf das Fremde` könnte auch lauten ´Die Sicht des Anderen` oder ´Das Zusammenspiel von Fremd- und Eigenerfahrung` in Stefan Zweigs Buch „Brasilien. Ein Land der Zukunft". Gemeint ist mit all diesen Schlagworten das Gleiche: es geht um die Konfrontation zweier Kulturen, um den Prozess, diese Begegnung mit dem Anderen in einem literarischen Text zu verarbeiten und die Frage nach dem Zusammenspiel von kultureller Prägung und Fremderfahrung sowie deren Repräsentationsmöglichkeit.[1]

In seinem Werk „Brasilien. Ein Land der Zukunft" beschreibt der Autor Stefan Zweig Brasilien, das er 1936 auf seiner Reise zum PEN-Clubkongress in Buenos Aires zum ersten Mal besuchte und wohin er 1941 endgültig ins Exil ging. Bei dem Buch handelt es sich um einen literarischen Reisebericht, um die begeisterte und mitreißende Beschreibung der Menschen, Städte und Landschaften Brasiliens. Zweig vermeint ein Land vor sich zu sehen, das das Potential zu einem ´Land der Zukunft`, genauer ´dem Land der Zukunft`, in sich trägt – vor allem im Vergleich mit dem alten Europa, das sich zur Zeit der Entstehung des Buches mitten in den blutigen Auseinandersetzungen des 2. Weltkrieges befand.

Bei genauerem Lesen eröffnet sich neben der des authentischen Reiseberichts eine zweite Ebene. Die Wahrnehmung der brasilianischen Wirklichkeit scheint durch die Erfahrungen des Autors selbst geprägt, seine Schilderungen durch einen utopischen Blick ´verfremdet` zu sein. Zweigs Buch beruft sich auf das Vorhandensein von Augenzeugenschaft[2], eines ´Vor Ort gewesen seins`, und will, wie es gleich in der Einleitung heißt, „[...] die durchschnittliche hochmütige Vorstellung des Europäers oder Nordamerikaners von Brasilien [...]"[3] revidieren. Er hat also den Anspruch, Fakten und Authentizität statt fiktive Vorstellungen über das Land in den Vordergrund zu stellen.

Reiseberichte können als eine „Art unfreiwilliger kultureller Selbstdarstellung der Ausgangskultur verstanden werden"[4], denn jede Erfahrung des Anderen

---

1 Mittlerweile wird in der aktuellen kulturwissenschaftlichen Debatte nicht mehr von nationalen Kulturräumen mit festen, unveränderlichen Grenzen gesprochen und damit eine abgrenzende Erfahrung zwischen Eigenem und Fremden vorausgesetzt. Man geht in der postkolonialen Debatte vielmehr von der Verschiebung kultureller Grenzen und der dynamischen Transformation von Kulturen aus, zum Beispiel als ein Effekt der zunehmenden Globalisierung. Da bei Zweig aber ein abgrenzendes Beschreibungsverfahren angewandt wird, werden in dieser Arbeit die beiden Begriffe ´Eigenes` und ´Fremdes` einander gegenübergestellt.

2 Zweig benutzt wiederholt die Substantive ´Augenfreude` (S. 15) und ´Blick` (S. 138, 173, 174, 190, 191 220), die für seine Augenzeugenschaft stehen, Vgl.: Zweig, Stefan: Brasilien. Ein Land der Zukunft, Frankfurt am Main (1997)

3 Zitierte Textpassagen wurden in dieser Arbeit zum Zwecke der Einheitlichkeit durchgehend der neuen Rechtschreibung angepasst, Zweig (1997): 7

4 Harbsmeier, Michael: Reisebeschreibungen als mentalitätsgeschichtliche Quellen: Überlegungen zu einer historisch-anthropologischen Untersuchung

ist immer schon angelegt und gesteuert durch das den Menschen prägende, kulturell Eigene. Da gesellschaftliche und historische Voraussetzungen für das Bild und die Beschreibung von Fremdem eine große Rolle spielen, sollen in dieser Arbeit die mentalitätsgeschichtlich bedingten Kultur- und Wahrnehmungsmuster und die persönliche Disposition Stefan Zweigs dem Inhalt des Buches gegenübergestellt werden. Die Analyse fiktiver Elemente, beziehungsweise rhetorischer und literarischer Strategien, soll als Schlüssel zur Praxis Zweigs im Umgang mit dem Anderen und der Aufdeckung der Konstrukthaftigkeit seiner Fremddarstellung dienen. Gleichzeitig soll Bezug genommen werden auf eine andere 'Realität' als die brasilianische, nämlich seine eigene, österreichisch-europäische.

1.1. Die Entstehung von Stefan Zweigs Brasilien-Buch

Nach seiner ersten Reise 1936, auf Einladung der brasilianischen Regierung, kehrte Stefan Zweig gemeinsam mit seiner zweiten Frau Elisabeth Charlotte im September 1940 noch einmal nach Brasilien zurück, um für sein Brasilien-Buch zu recherchieren.

Schon 1936 hatte Zweig gegenüber Journalisten seinen Plan geäußert, eine 'Art Handbuch für Ausländer'[5] über Brasilien schreiben zu wollen und im gleichen Jahr für weitere Recherchen zurückzukehren. Bereits auf der Rückreise nach Europa begann er mit einer Artikelfolge unter dem Titel „Kleine Reise nach Brasilien"[6]. Acht dieser Reisebilder wurden im Herbst 1936 in der Budapester Zeitung „Pester Loyd" abgedruckt, die beiden Essays „Besuch beim Kaffee" und „Kunst der Kontraste" wurden vom Autor anschließend fast unverändert in sein Brasilien-Buch integriert.[7] 1937 erschien außerdem sein 1936 in Rio gehaltener Vortrag „Dank an Brasilien."[8]

---

frühneuzeitlicher deutscher Reisebeschreibungen, In: Maczak, Antoni/Teuteberg, Hans Jürgen: Reiseberichte als Quellen europäischer Kulturgeschichte. Aufgaben und Möglichkeiten der historischen Reiseforschung, Wolfsbüttel (1982), S. 2, zitiert nach Brenner, Peter J.: Der Reisebericht in der deutschen Literatur. Ein Forschungsüberblick als Vorstudie zur Gattungsgeschichte (2. Sonderheft Internationales Archiv für Sozialgeschichte der deutschen Literatur), Tübingen (1990): 30

5   Vgl.: Schwamborn, Ingrid: Fatale Attraktion – Stefan Zweig und Brasilien, In: Schwamborn (Hrsg.): Die letzte Partie. Stefan Zweigs Leben und Werk in Brasilien (1932-1942), Bielefeld (1999): 84

6   In: Zweig, Stefan: Begegnungen mit Menschen, Büchern, Städten, Wien/Leipzig/Zürich (1937): S. 288-322

7   Michels, Volker: Ethnische Vielfalt gegen rassische Einfalt. Zur Entstehungsgeschichte von Stefan Zweigs Brasilienbuch, In: Zweig (1997): 293

8   In: Zweig: Zeit und Welt. Gesammelte Aufsätze und Vorträge, Stockholm (1943), S. 165-171

Anfang 1940, noch in New York, beschäftigte sich Zweig bereits durch die Lektüre über Brasilien mit dem Land und bereitete die Konzeption des Buches vor.⁹
Seinen zweiten Aufenthalt verbrachte das Paar überwiegend in Rio de Janeiro, der Stadt, die in Zweigs Beschreibungen in „Brasilien. Ein Land der Zukunft" den breitesten Raum einnimmt und mit dem ihn eine Art ´emphatisches Liebesverhältnis`¹⁰ verband. Zweig besuchte São Paulo, Ouro Preto und Teresópolis und machte im Januar 1941, auf dem Rückweg nach New York, eine Flugreise über den Norden Brasiliens, etappenweise über Bahia, Pernambuco und Belém. Diese Eindrücke verarbeitete er im letzten Kapitel seines Buches.
Nach seiner Rückkehr nach Nordamerika suchte Zweig nach einer kleinen Universitätsstadt¹¹ außerhalb New Yorks, und zog schließlich nach New Heaven, wo ihm zur Fertigstellung seines Brasilien-Buches die Bibliothek der Yale-Universität zur Verfügung stand.¹² Das Manuskript war innerhalb von zwei Monaten¹³, „[...] am Tisch im Hotelzimmer"¹⁴, vor allem in Rio de Janeiro, aber auch in Belém und New York entstanden. Das Quellenstudium, das den Büchern Zweigs vorausging und das er in der Regel mit großer Genauigkeit durchführte, fand hauptsächlich in New York statt. Über die verwendeten Quellen, die Aufklärung über die Entstehung so manches Fehlschlusses im Buch geben könnten, geben weder der Autor selbst noch die Sekundärliteratur Auskunft. Auch die mangelnden Portugiesischkenntnisse des Autors können hier mitgewirkt haben.¹⁵ Zweig verweist im Verlauf des Buches auf die Kenntnis einiger Autoren, unter ihnen Christoph Kolumbus

---

9 Vgl.: Kießling, Wolfgang: Der lange Weg nach Petropolis: Stefan Zweig, In: Sinn und Form. Beiträge zur Literatur (herausgegeben von der Akademie der Künste der DDR), Heft 1.-6., 35. Jahrgang (1983): 382

10 „Buenos Aires ist langweilig-schön, nicht im Traum mit dem göttlichen Rio zu vergleichen, in das ich mich verliebt habe.", Zweig an Friderike Zweig (29.09.1936), In: Zeig, Stefan/Zweig Friderike: Unrast der Liebe, Bern (1981): 247 und „[...] [N]un bin ich nach Brasilien zurückgekehrt, das ich leidenschaftlich liebe.", Zweig an Frans Masereel (23.11.1949), In: Zweig, Stefan: Briefe an Freunde, Herausgegeben von Richard Friedenthal, Frankfurt am Main (1978): 321

11 Vgl.: Pater, Donald A.: Stefan Zweig. Eine Biographie, Hamburg (1991): 304

12 Pater, Donald A.: Stefan Zweig und die neue Welt, In: Stefan Zweig 1881/1981. Aufsätze und Dokumente, herausgegeben von der Dokumentationsstelle für neuere österreichische Literatur in Zusammenarbeit mit dem Salzburger Literaturarchiv, Redaktion Heinz Lunzer, Gerhard Renner, Zirkular Sondernummer 2 (1981): 150

13 Vgl.: Schwamborn, In: Schwamborn (1999): 86

14 Kießling (1983): 383

15 „Er sprach davon, Portugiesisch zu lernen, was ihm nicht schwer fallen dürfe, da er es bereits gut lesen könne", Pater (1991): 312

und Amerigo Vespucci, Joseph Conrad, Heinrich Eduard Jacob, Friedrich Gerstäcker und Charles Sealsfield.[16]
Ende März 1941 schloss Zweig das Manuskript ab. Das Buch sollte ursprünglich den Titel „Blick auf Brasilien" tragen, dieser wurde dann aber von Zweig und seinem amerikanischen Verleger in „Brasilien. Ein Land der Zukunft" abgeändert.[17] Die deutsche Ausgabe des Buches erschien im selben Jahr im Bermann-Fischer Verlag in Stockholm. Außerdem wurde das Buch parallel in englischer, portugiesischer, spanischer, französischer und schwedischer Sprache publiziert. Eine deutschsprachige Neuauflage brachte der Insel-Verlag anlässlich des 100. Geburtstages des Autors 1981 heraus.
Im Sommer 1941 beschloss Stefan Zweig, die USA zu verlassen und endgültig nach Brasilien zu gehen, wo er Ende des Jahres eintraf und gemeinsam mit seiner Frau ein Häuschen in Petrópolis, in der Nähe von Rio de Janeiro, mietete. Dort endete nach sechseinhalb Jahren „[...] die Liebesgeschichte zwischen dem Schriftsteller und dem Land Brasilien."[18]

1.2. Der Reisebericht als literarische Gattung
Stefan Zweigs Werk kann der literarischen Gattung des Reiseberichts zugeordnet werden, folgt man der Definition Peter J. Brenners, der „[...] sprachliche Darstellungen authentischer Reisen"[19] unter diesem Begriff subsumiert. Der Authentizitätsanspruch dieser Gattung lässt allerdings nicht automatisch auf den Wahrheitsgehalt der Inhalte schließen. Der Reisende war zwar vor Ort, beziehungsweise sollte es gewesen sein, jedoch ist der Spielraum zwischen Realität und Fiktionalität in den Berichten groß und wird sowohl individuell wie epochenspezifisch sehr unterschiedlich ausgefüllt.[20]
Der schreibende Reisende unterliegt nicht nur bestimmten, durch die Eigenkultur präformierten Wahrnehmungsbedingungen, sondern richtet sich auch immer an das Interesse eines Publikums. Seine Berichte sind daher

---

[16] Interessanterweise handelt es sich hierbei fast ausschließlich um Autoren von Entdecker- und Abenteuerliteratur, die Zweigs Sicht auf Brasilien im Voraus prägten.

[17] Vgl.: Furtado Kestler, Izabela Maria: Die Exilliteratur und das Exil deutschsprachiger Schriftsteller und Publizisten in Brasilien, Frankfurt am Main (1992): 175-176. Damit steht der Titel in einer Reihe mit vorhergegangenen Publikationen gleichen Titels: „Brazilie, een land der Toekomst" von N.R. de Leuw (1909), „Il Paese dell´Avenire" von Francesco Bianco (1922), Vgl.: Dines, Alberto: Morte no paraíso. A tragédia de Stefan Zweig, Rio de Janeiro (1981): 273 und „Brasilien. Ein Land der Zukunft" von Heinrich Schüler (1924), Vgl.: Caeiro, Oscar: „Brasil, un pais del futuro": Utopia intercultural, In: Boletin de la Literatura comparada, Número especial ACTAS Coloquio Internacional "Stefan Zweig y la literatura del exilio, Buenos Aires (1992): 39

[18] Dines, Alberto: Der Tod des Entdeckers im Paradies, In: Gelber, Mark H. (Hrsg.): Stefan Zweig heute, New York (1987): 181

[19] Brenner, Peter J.: Der Reisebericht. Die Entwicklung einer Gattung in der deutschen Literatur, Frankfurt am Main (1989): 9

[20] Vgl.: Brenner (1989): 9

sowohl durch dessen Erwartungshaltung als auch ein eventuelles wirtschaftliches Interesse des Verfassers beeinflusst. Die ´Verfälschung` der Realität ist aber genauso Ausdruck mangelnder Fähigkeit des Reisenden, mit den gemachten Erfahrungen und der Konfrontation mit dem Fremden umzugehen.[21]

Reiseberichte beziehen sich in der Regel stillschweigend auf Verhältnisse im eigenen Land, das so zur Folie für die Wahrnehmung der Fremdkultur wird.[22] Der implizierte Gegenstand der Reiseliteratur, Auskunft über die und das Fremde zu geben, scheint nicht zu halten zu sein. Vielmehr können die Berichte als Quellen für die Analyse der Entwicklung und Ausprägung europäischer Mentalitäts- und Ideengeschichte genutzt werden und aufzeigen, wodurch die Wahrnehmung der Reisenden geprägt ist und wie Fremdkulturen durch den Blick der Betrachter konstruiert werden. So hat beispielsweise die historische Prägung und die Verwechslung des neuen Kontinents mit Indien schon Kolumbus zu Fehlschlüssen und zur Beschreibung von Dingen verleitet, die, wissenschaftlichen Forschungen zufolge, niemals auf dem amerikanischen Kontinent existent waren.[23] Dadurch wurden die mittelalterlichen, in Europa kursierenden Mythen über Indien und Cathay auf Lateinamerika übertragen, das nach und nach zum Sinnbild für das Paradies und vor allem zum goldstrotzenden ´El Dorado` wurde.

Die enge Verknüpfung zwischen Reiseliteratur und utopischer Literatur klingt hier bereits an. Der Reisende ist oftmals auf der Suche nach einem Paradies, nach einem besseren Ort, sei es nun in politischer, gesellschaftlicher oder ökonomischer Hinsicht. Er setzt die Fremdkultur dadurch mit der Eigenkultur in Beziehung, wobei meist der negative Blick auf das Eigene den positiven auf das Fremde konstruiert. Bei Stefan Zweig manifestiert sich dieser utopische Zug in der Kritik, die er mit Hilfe Brasiliens als Gegenbild an der eigenen europäischen Wirklichkeit übt. Die der Utopie immanente Realisierungstendenz[24] zeigt sich im Potential zu einer zukünftigen, besseren Welt, das Zweigs Brasilien zwar bisher nur ansatzweise im gegenwärtigen Hier und Jetzt zeigt, jedoch in sich zu tragen scheint. Um diesem Entwurf eines zukunftsträchtigen Landes Geltung zu verschaffen scheut sich der Autor nicht, dessen historische Vergangenheit, ähnlich der Entwicklung im Bildungsroman, als einzige ´Zielgerade` hin zur Verwirklichung des

---

21 Vgl.: Brenner (1989): 14
22 Vgl.: Brenner (1990): 30
23 Kolumbus beschreibt in seinem Schiffstagebuch die Suche nach dem, durch Marco Polos Berichte überlieferten Großen Khan, den Amazonen und vor allem, den unermesslichen Vorkommen an Gold und Gewürzen, die er letztendlich aber immer nur gefunden zu haben vermeinte. Auch die Kannibalismusthese und die Beschreibung von monströsen Menschen und Tieren, die sich wie ein roter Faden durch die neuzeitliche Reiseliteratur ziehen, sind bei ihm existent. Vgl.: Colón, Cristóbal: Los cuatro viajes del almirante y su testamento, herausgegeben von Ingnacio B. Anzoategui, México D.F. (1994)
24 Vgl.: Gnüg, Hiltrud: Utopie und utopischer Roman, Stuttgart (1991): 9

paradiesischen Zustandes zu zeichnen.²⁵ Hier kann auf das Geschichtsverständnis des Autors verwiesen werden, der „[...] in seinem Weltbild zu einem objektiven Idealismus [tendiert], der [...] die Geschichte als objektiv sich vollziehenden Prozess auf gewisse geistige Ziele zustreben [...]"²⁶ sieht. In Zweigs Werk besteht die Bestimmung Brasiliens, sein höheres geistiges Ziel, darin, sich trotz aller Widersprüche auf dem Weg zum paradiesischen Zustand zu befinden, um als humanes Modell gegen das inhumane Europa der beiden Weltkriege fungieren zu können.

1.3. Literaturwissenschaft, Kulturwissenschaft, Ethnologie

Die Auseinandersetzung mit dem kulturell Fremden, zuvor ausschließlicher Gegenstand der Anthropologie und Ethnologie, hat in den Geisteswissenschaften seit Anfang der 1970er, und vor allem seit den 1980er Jahren Konjunktur. Nach der methodischen Neuordnung der bis dahin hermeneutisch-historisch ausgerichteten Germanistik, die durch interne Diskussionen um den Literaturbegriff in den sechziger und siebziger Jahren angestoßen wurde, erfolgte eine Art Liberalisierung des Fachs.²⁷ Dazu gehört auch die Forderung nach der Umsetzung größerer Interdisziplinarität, infolge derer die kulturwissenschaftlich orientierte Frage nach den Möglichkeiten und Grenzen der Begegnung mit dem Andersartigen und vor allem dessen authentischer Repräsentation in den Medien Text, Bild und Film zum Inhalt zahlreicher literaturwissenschaftlicher Publikationen wurde. Wichtige Inspiration in der Auseinandersetzung mit dem Gegenstandsbereich des Fremden boten vor allem die Forschungsergebnisse der Geschichtswissenschaft, der Kulturanthropologie, sowie der Ethnologie. Zu nennen sind hier unter anderem die Veröffentlichungen von Edward W. Said[28], Urs Bitterli[29], Tzvetan Todorov[30], Stephan Greenblatt[31], Claude Lévi-

---

25　Vgl.: Honold, Alexander: Land der Zukunft oder verlorenes Paradies? Brasilien im Blick der Exilautoren Alfred Döblin und Stefan Zweig, In: kultuRRevolution Nr. 32/33 (1995): 66

26　Dahlke, Hans: Geschichtsroman und Literaturkritik im Exil, Berlin (Ost)/Weimar (1976): 158

27　Infolge dieser Neuordnung wurde unter anderem der Reisebericht als literarische Gattung in den Forschungskanon aufgenommen. Vorher hatte dessen oftmals fehlende literarisch-ästhetische Qualität zu mangelndem Interesse germanistischer Forschung am Thema geführt. Auch die Ausweitung des Literaturbegriffs und die Orientierung hin zu den Methoden anderer wissenschaftlicher Fächer ist ein Ergebnis dieser Neuorientierung.

28　Edward W. Said: Orientalismus, Frankfurt a. M./Berlin/Wien (1981)

29　Urs Bitterli: Die „Wilden" und die „Zivilisierten". Grundzüge einer Geistes- und Kulturgeschichte der europäisch-überseeischen Begegnung, München (1976)

30　Tzvetan Todorov: Die Eroberung Amerikas. Das Problem des Anderen, Frankfurt am Main (1985)

31　Stephen Greenblatt: Wunderbare Besitztümer. Die Erfindung des Fremden: Reisende und Entdecker, Berlin (1994)

Strauss[32] und Clifford Geertz[33], in denen aus unterschiedlichen Perspektiven Kulturkontakte und die Beschreibbarkeit anderer Kulturen thematisieren werden.

Kultur[34] ist die Konstante, die zur Identitätsbestimmung des Menschen beiträgt und damit einen wichtigen Faktor für die Bestimmung von Eigenem und Anderen darstellt. Jedes Individuum identifiziert sich als Teil eines Kollektivs, sei es nun gesellschaftlicher oder religiöser Art, wodurch ein Gefühl kultureller Zugehörigkeit entsteht. Die Problematik bei der Erfahrung des wesentlich Fremden liegt im ambivalenten Empfinden von Anziehung und Bereicherung, beziehungsweise Ablehnung und Gefahr. Durch Abgrenzungsbegriffe wie Rasse, Nation, Kultur und Heimat, die eine kulturelle und soziale Zugehörigkeit sowie verbindende Normen vertreten, kann eine Politik der In- oder Exklusion in, beziehungsweise aus einem kulturellen Zusammenhang betrieben werden.

Die Frage nach Möglichkeiten des Verstehens[35] und der anschließenden, sprachlichen Repräsentation fremder Kulturen entsteht vor allem im Angesicht der ethnographischen Situation, die „[...] die Situation mensch-menschlicher Fremdheit par excellence und als solche zugleich eine erzliterarische Angelegenheit [ist]: ein Verstehensdilemma, das in einen Schreibakt mündet. Dessen Ästhetik betreibt das poetische Handwerk des

---

32 Claude Lévi-Strauss: Traurige Tropen, Frankfurt a. M. (1978)
33 Clifford Geertz: Dichte Beschreibung. Beiträge zum Verstehen kultureller Systeme, Frankfurt am Main (^{6}1999)
34 Alois Wierlacher (Kulturthema Fremdheit: Leitbegriffe und Problemfelder kulturwissenschaftlicher Fremdheitsforschung, München 1993: 45) definiert den Begriff Kultur „ [...] als sich wandelndes, auf Austausch angelegtes, kohärentes, aber nicht widerspruchsfreies und insofern offenes Regel-, Hypothesen- und Geltungssystem, das sichtbare und unsichtbare Phänomene einschließt." Damit wird die Definitionen von Kultur als ein reines Orientierungsmuster, Bedeutungsgewebe oder „[...] ineinander greifendes System auslegbarer Zeichen [...]" (Geertz, ^{6}1999: 21) um den prozessualen Aspekt des Wandels und die Betonung auf die Widersprüchlichkeit erweitert.
35 Der hermeneutische Prozess des Verstehens kann „[...] als Einrücken in ein Überlieferungsgeschehen, in dem sich Vergangenheit und Gegenwart beständig vermitteln"(Gadamer, Hans-Georg: Wahrheit und Methode, Tübingen ^{4}1975: 275) verstanden werden. Der Verstehensprozess verläuft immer vor einem gewissen, traditionell bedingten Erwartungshorizont, oder auch Vorentwurf ab. Da aber immer ein Rest von kultureller Fremdheit, beziehungsweise Eigenheit, bestehen bleibt, der das vollkommene Verständnis, verknüpft mit einer adäquaten Repräsentation, beeinträchtigt, besteht durch das Aufzeigen von Brüchen und Nicht-Verstehen der Anspruch einer interkulturellen Hermeneutik in der 'methodisch erzeugten Selbstentfremdung`. Literarische Formen hierfür sind zum Beispiel der Dialog, Collagen oder poetische Verfahren, beispielsweise die Ethnopoesie Hubert Fichtes.

Fremdmachens und das hermeneutische des Ent-Fremdens zugleich."[36] Die 'Krise der ethnographischen Repräsentation` entsteht aus der Aporie zwischen einerseits subjektiv erlebter Fremderfahrung und anderseits objektiv-wissenschaftlicher Darstellung des Erlebten und mündet in die von Clifford Geertz angestoßene 'Writing-Culture-Debatte`.[37] Folge ist die verstärkte Aufmerksamkeit gegenüber der Textualität von Ethnographie und der Beginn einer so genannten Kulturhermeneutik.[38] Daraus ergibt sich eine Affinität zwischen Ethnologie und Literaturwissenschaft und damit zwischen der schriftlich fixierten 'teilnehmenden Beobachtung` des Feldforschers und literarischen Reiseberichten als verschriftlichte Folgen der 'Encounter-Situation` zwischen differenten Kulturen. Beide sind gleichermaßen beeinflusst durch die 'Erfahrungs- und Deutungsmodelle` derjenigen Kultur, der sie angehören.[39] Beide sind Medien kultureller Repräsentation, die neben der intendierten Information über eine andere Kultur Auskunft über die Ausgangskultur und die Mentalität des Autors sowie über die Mechanismen geben, diese eigene Kultur gegenüber der fremden abzugrenzen und zu sichern.

Nachdem in der Ethnographie durch die 'literarische Wende` literaturtheoretische Kriterien auf ethnographische Texte angewendet wurden, können nun auch ethnographische Einsichten und Untersuchungsverfahren für die Analyse literarischer Texte fruchtbar gemacht werden, betrachtet man nicht nur die Kultur als eine Montage von Texten, sondern auch literarische Texte als kulturelle Artefakte, beziehungsweise als Medien kultureller Selbstauslegung in der Auseinandersetzung mit dem Fremden.[40] Wichtig bei dieser Verbindung von Text und Kultur ist es, das Augenmerk auf die Entstehung des Textes „[...] auf dem Wege vom Geschehen zur

---

36 Honold, Alexander: Die ethnographische Situation, In: kultuRRevolution Nr 32/33 (1995): 29

37 Zur Entwicklung der Repräsentationsproblematik in der Ethnologie /-graphie: Berg, Eberhard/Fuchs, Martin: Phänomenologie der Differenz. Reflexionsstufen ethnographischer Repräsentation, In: Berg, Eberhard/Fuchs, Martin (Hrsg.): Kultur, soziale Praxis, Text. Die Krise der ethnographischen Repräsentation, Frankfurt am Main (^{3}1999): 11-108

38 „Ethnographie betreiben gleicht dem Versuch, ein Manuskript zu lesen (im Sinne von >eine Lesart entwickeln<), das fremdartig verblasst, unvollständig, voll von Widersprüchen, fragwürdigen Verbesserungen und tendenziösen Kommentaren ist, aber nicht in konventionellen Lautzeichen, sondern in vergänglichen Beispielen geformten Verhaltens geschrieben ist", Geertz (^{6}1999): 15

39 Vgl.: Schlesier, Renate: Verdichtete Reiseberichte. Zur Geschichte des Homo Viator, In: Weigel, Siegrid/Neumann, Gerard (Hrsg.): Lesbarkeit der kulturellen Literaturwissenschaft zwischen Literaturtechnik und Ethnographie, München (2000): 137; 139

40 Vgl.: Bachmann-Medick, Doris (Hrsg.): Kultur als Text. Die anthropologische Wende in der Literaturwissenschaft, Frankfurt am Main (1996): 9; 11

Geschichte[...]"[41] und damit der literarischen Konstruktion von Kultur zu legen. Eine „[s]olche Neusicht literarischer Texte bezieht sich freilich nicht nur auf deren Fremdheitsüberschüsse, sondern auch auf die Teilhabe dieser Texte an zeitlich-historisch und geographisch-räumlich genau lokalisierbaren kulturellen Diskursen und Kontexten."[42] Eine derartige, ethnologisch orientierte Literaturwissenschaft kann im postkolonialen Zeitalter als Teil der kritischen Selbstreflexion eines eurozentristisch ausgerichteten Literatur- und Kulturverständnisses dienen.

In der aktuellen kulturwissenschaftlichen Debatte wird die Diskussion um Schwierigkeiten von Kulturkontakt und literarischer Repräsentation durch Fragen nach der 'Verortung von Kultur`, beziehungsweise 'kultureller Neukartierung` abgelöst. Der Vorstellung in sich geschlossener und zu anderen Kulturen abgegrenzter kultureller Systeme und damit verbundener fester Identitäten folgt die einer Vermischung, Überlagerung (Hybridität) und Deplatzierung von Kultur, von Identitätsbrechung und dem Zustand kultureller Zwischenexistenzen. Die postkoloniale Debatte basiert auf der Infragestellung westlicher Hegemonie, kultureller Wertesysteme und tradierter Identitätsbegriffe, deren Bedeutung aufgrund von Emigration, Migration und ethnischer Hybridität in unserem Zeitalter zunimmt. Die Verortung des Anderen findet nicht mehr in einem geographisch anderen Raum, sondern innerhalb eines kulturellen Systems und dessen Diskurses statt. Die einseitige Repräsentation durch den westlichen Beobachter wird in der postkolonialen Literatur durch die Perspektive des 'Fremden` ergänzt. Die Subjekt-Objekt Differenz der Kulturkonfrontation wird aufgehoben, ehemals marginale Gesellschaften repräsentieren sich nun selbst.[43]

Stefan Zweig schreibt in seinem Buch „Brasilien. Ein Land der Zukunft" noch in der Tradition kolonialer Reiseberichte, aus „[...] jene[r] Autoren-Perspektive, die gleichsam olympisch alles übersieht, alles eindeutig zu bewerten und einzuordnen weiß."[44] Der Autor repräsentiert die brasilianische 'Wirklichkeit` aus der Einseitigkeit der kolonialen Weltordnung heraus, so dass „[...] die Verarbeitung der Fremde vom stillschweigenden und unhintergehbaren Glauben an die eigene kognitive Überlegenheit geleitet"[45] ist. Die Art der Zweigschen Alteritätserfahrung geht von einer allgemeinen Gültigkeit der eigenen Werte und Vorstellungen sowie der Superiorität der

---

41 Scherpe, Klaus R.: Kulturwissenschaftliche Motivationen für die Literaturwissenschaft, In: Der Deutschunterricht, Jahrgang 53 (2001), Heft 3: 7
42 Bachmann-Medick: Kultur als Text (1996): 9
43 Bachmann-Medick, Doris: Texte zwischen den Kulturen: ein Ausflug in „postkoloniale Landkarten", In: Böhme, Hartmut/Scherpe Klaus R.: Literatur und Kulturwissenschaften. Positionen, Theorien, Modelle, Hamburg (1996): 60-77
44 Lützeler, Paul Michael: Der postkoloniale Blick. Deutschsprachige Autoren berichten aus der Dritten Welt, In: Neue Rundschau, 107. Jahrgang (1996), Heft 1: 57
45 Honold: Ethnographische Situation (1995): 30

eigenen Kultur aus und argumentiert damit aus einer eurozentristischen Perspektive heraus. Unsicherheit, Irritation und die Begrenztheit der Erfahrbarkeit des Fremden werden vom Autor in der Regel nicht thematisiert.[46]

---

[46] Vgl. auch Zelewitz, Klaus: Stefan Zweig: Exotismus versus (?) Europhilie, In: Schwamborn (1999): 150

2. Das Forschungsinteresse an Stefan Zweig und seinem Brasilien-Buch

Das rege Interesse, das Stefan Zweig als einem der meistgelesenen und weltweit bekannten deutschsprachigen Autoren zu seinen Lebzeiten entgegen gebracht wurde, wurde nach seinem Tod 1942 von einer weitgreifenden Gleichgültigkeit im Bereich der modernen Literaturwissenschaft abgelöst. Erst in den 80er Jahren begannen nicht nur die Verlage, Zweigs Werke neu aufzulegen, auch in der Germanistik rückten 1981 anlässlich des hundertsten Geburtstages Leben und Werk des österreichischen Schriftstellers erneut in das Zentrum des Interesses. So fanden weltweite Symposien zu Stefan Zweig unter anderem in Wien, London, Fredonia und Beerschewa statt, die von zahlreichen Veröffentlichungen begleitet wurden.[47]

Seit 1992 gibt es den „Internationalen Stefan Zweig Kongress", eine Veranstaltung, die 1992 unter dem Motto „Stefan Zweig. Exil und Suche nach dem Weltfrieden", 1998 unter „Zweig lebt" und 2002 unter „Stefan Zweig im Zeitgeschehen des 20. Jahrhunderts" in Salzburg und Dortmund stattfand.[48] Ebenfalls im Jahr 1992 wurde in Buenos Aires das „Coloquio Internacional >Stefan Zweig< y la literatura de exilio" abgehalten.[49]

Angesichts dieser Fülle an Veranstaltungen zeigt sich eine ´neue` Präsenz Stefan Zweigs in der literaturwissenschaftlichen Forschung, wenn auch hervorgehoben werden muss, dass die Beschäftigung mit seinem Werk größtenteils in der Auslandsgermanistik stattfindet.

Dem Verhältnis zwischen Stefan Zweig und Brasilien widmen sich in der Hauptsache folgende Publikationen: Die Biografie des brasilianischen Journalisten Alberto Dines (1981)[50], in der vor allem neue Details über Zweigs Aufenthalt in Brasilien und die Entstehung seines Buches erörtert werden. Dines vertritt die These, der realitätsferne Charakter des Buches sei auf die Tatsache zurückzuführen, dass es sich um eine Arbeit zu Gunsten der brasilianischen Regierung handle. In den Veröffentlichungen Susanne Thimanns (1989)[51], die sich mit der Rezeptionsgeschichte des Brasilien-

---

47 Vgl.: Gelber, Mark H: Stefan Zweig heute, New York (1987): 7
48 Gelber, Mark H./Zelewitz, Klaus: Stefan Zweig. Exil und Suche nach dem Weltfrieden (Die Akten des Internationalen Stefan-Zweig-Kongresses, 18.-23.2.1992 Schloss Leopoldskron, Salzburg), Riverside (1995); Bortenschlager, Sigrid/Riemer, Werner: Stefan Zweig lebt (Akten des 2. Internationalen Stefan Zweig Kongresses Salzburg 1998), Stuttgart (1999); Eicher, Thomas (Hrsg.): Stefan Zweig im Zeitgeschehen des 20. Jahrhunderts, Oberhausen (2003)
49 Boletin de la Literatura comparada, Número especial ACTAS Coloquio Internacional "Stefan Zweig y la literatura del exilio", Buenos Aires, 5-7 de noviembre 1992, Buenos Aires (1994)
50 Dines, Alberto: Morte no paraíso. A tragédia de Stefan Zweig, Rio de Janeiro (1981)
51 Thimann, Susanne: Brasilien als Rezipient deutschsprachiger Prosa des 20.Jahrhunderts. Bestandsaufnahme und Darstellung am Beispiel der Rezeptionen Thomas Manns, Stefan Zweigs und Hermann Hesses, Frankfurt am Main (1989)

Buches im Land selbst beschäftigt und Izabela Maria Furtado Kestlers (1992)[52], die die Exilsituation und –literatur Zweigs neben der anderer deutschsprachiger Autoren in Brasilien analysiert, nimmt die Betrachtung des Buches nur einen sehr begrenzten Raum ein. Beide Autorinnen beschäftigen sich jeweils mit einigen zentralen Stellen und betonen die emphatische beziehungsweise märchenhafte Ausrichtung der Zweigschen Brasilien-Schilderung. Eine ausführliche Zusammenfassung zu Stefan Zweigs Leben und Werk in Brasilien bietet das von Ingrid Schwamborn herausgegebene Buch (1999)[53], in dem neben Berichten von Zeitzeugen die Entstehung von „Brasilien. Ein Land der Zukunft" und der „Schachnovelle" zurückverfolgt und auf das Brasilienbild Zweigs eingegangen wird. Im Jahr 2000 erschien die Publikation „Brasilien, Land der Vergangenheit?"[54], in der verschiedene brasilianische und europäische Autoren sich zur Frage der Zukunft Brasiliens an der Schwelle des 21. Jahrhunderts äußern. Der zukunftsorientierten Wahrnehmung Stefan Zweigs werden darin die Sichtweisen einiger wichtiger brasilianischer Intellektueller, wie Antonio Callado, João Antônio, Paulo Francis, Darcy Ribeiro, Paulo Freire und Herbert de Souza auf ihre eigene Kultur und Gesellschaft gegenübergestellt. Stefan Zweigs Buch bildet auch in dem Sammelband „Brasilien. Land der Zukunft?" von 1994 den Ausgangspunkt für die Beschäftigung mit der seinerzeit aktuellen Situation in Brasilien.[55]

Grundsätzlich beschränken sich die Interpretationen in den genannten Veröffentlichungen jedoch auf einige wenige, fast immer gleiche Textstellen aus dem Brasilien-Buch. In der Regel wird vor allem der utopische und antithetische Charakter der Beschreibung Brasiliens hervorgehoben und mit der europäischen Realität des Zweiten Weltkrieges in Beziehung gesetzt.
Die vorliegende Arbeit betritt in der Forschungsdiskussion insofern neues Terrain, als sie sich explizit unter dem Thema der Fremdbegegnung beziehungsweise -verarbeitung mit dem Buch auseinandersetzt.[56] Der Analyse liegt das Buch als Ganzes zu Grunde, das Augenmerk ist dabei auf die

---

52   Furtado Kestler, Izabela Maria: Die Exilliteratur und das Exil der deutschsprachigen Schriftsteller und Publizisten in Brasilien, Frankfurt am Main (1992)

53   Schwamborn, Ingrid (Hrsg.): Die letzte Partie. Stefan Zweigs Leben und Werk in Brasilien (1932-1942), Bielefeld (1999)

54   Chiappini, Ligia/Zilly, Berthold (Hrsg.): Brasilien, Land der Vergangenheit?, Frankfurt am Main (2000)

55   Sevilla, Rafael/Ribeiro, Darcy (Hrsg.): Brasilien. Land der Zukunft?, Länderseminar des Instituts für wissenschaftliche Zusammenarbeit mit Entwicklungsländern, Tübingen, Bad Honnef (1995)

56   Einen Ansatz, der Stefan Zweigs Buch ebenfalls dem Gattungsbegriff der Reiseliteratur zuordnet und Alteritätsfragen an die Wahrnehmung des Autors stellt, vertritt Sandra Jatahy Pesavento in ihrem Artikel „Stefan Zweig: Ein Blick auf die Geschichte", In: Chiappini/Zilliy (2000): 59-65

rhetorisch-literarischen Strategien gerichtet, die Zweig zur Beschreibung des Anderen nutzt. Der verschriftlichten Kulturkonstruktion Zweigs werden als möglicher Erklärungsansatz sein eigener mentalitätsgeschichtlicher Hintergrund und anschließend die historische ´Realität` Brasiliens gegenübergestellt.

3. Argumentationsstrategien im Buch „Brasilien. Ein Land der Zukunft"

Dem Buch „Brasilien. Ein Land der Zukunft" ist nachfolgendes Zitat als Motto vorangestellt:
> Un pays nouveau, un port magnifique, l'éloignement de la mesquine Europe, un nouvel horizon politique, une terre d'avenir et un passé presque inconnu qui invite l'homme d'étude à des recherches, une nature splendide et le contact avec des idées exotiques nouvelles.[57]

In verknappter Form finden sich hier sämtliche Stereotypen zu Brasilien angeführt, die Stefan Zweig später auch im Buch verarbeitet: eine neues, junges Land - damit ein Land (fast) ohne Geschichte - herrlich und mit üppiger Natur, nicht vergleichbar mit der Enge und Kleinlichkeit Europas, ein Ort neuer politischer und exotischer Ideen und Konzepte, ein Land der Zukunft, ein weißes Blatt Papier, das es zu beschreiben gilt, prädestiniert für die Sehnsüchte und Träume zivilisationsmüder, desillusionierter Europäer. Brasilien erscheint als neues Utopia, als naturwüchsiges Paradies, als idealer Ort - eine Vorstellung, die das Denken und die Erfahrung Brasilien-Reisender wie auch die Stefan Zweigs vorstrukturiert und prägt. Die Verflechtung des Zweigschen Brasilienbildes mit denen anderer literarischer Vorbilder wird dem Buch geradezu als Devise vorangestellt und soll auch im weiteren Verlauf der Arbeit in die Analyse eingehen.

Im Folgenden soll in chronologischer Form auf die Kapitel des Brasilien-Buches eingegangen werden, der Hauptakzent wird dabei auf der Einleitung und den Abschnitten zur Geschichte, Wirtschaft und Kultur des Landes liegen, in denen die wichtigsten Aussagen zu Zweigs These vom Zukunftsland Brasilien subsumiert sind. Außerdem werden die Stadt- und Landschaftsbeschreibungen zu Rio de Janeiro, Ouro Preto, São Paulo und Salvador de Bahia berücksichtigt. Der Analyse liegen die folgenden Fragestellungen zu Grunde:
- Was sieht der Autor?
- Was will er sehen beziehungsweise was will er nicht sehen?
- Welche Kulturkonstrukte und rhetorischen Strategien liegen dieser Sicht zu Grunde?

Am Ende dieses Analyseteils folgt eine Zusammenfassung der Ergebnisse zu diesen Fragen und der wichtigsten inhaltlichen Punkte, die Stefan Zweig zu Brasilien anführt.

---

[57] Der österreichische Diplomat Graf Anton von Prokesch-Osten 1868 an Graf Arthur de Gobineau, ebenfalls im diplomatischen Dienst tätig, als dieser zögerte, den Gesandtschaftsposten in Brasilien anzunehmen, Anfangszitat zu Zweig (1997)

Grundsätzlich tendiert Zweig dazu, seine Thesen, die auf einige wenige zusammengefasst werden können, in jedes der einzelnen Kapitel des Buches einfließen zu lassen. Dabei wiederholt sich Zweig nicht nur inhaltlich; auch rhetorisch tauchen immer wieder ähnliche Muster auf. Zweigs Erzählstil ist ausschweifend, einzelne Begebenheiten beschreibt er mit großer Genauigkeit. Er verweist auf überlieferte Berichte und Briefe im Text, nennt jedoch keine expliziten Quellen. Es lässt sich daher nicht feststellen, ob seine historischen Angaben dem Direktstudium bestimmter Berichte entstammen oder auf einem, den Inhalt dieser zusammenfassenden und somit schon der Interpretation eines anderen Autors unterliegenden Text basieren. Auch Zitate werden von Zweig für den Leser nicht nachvollziehbar belegt, die angeführten Thesen einzelner Autoren lassen sich meist keinem konkreten Buch zuordnen und somit nicht nach verfolgen. Außerdem lässt Zweig immer wieder portugiesische und andere fremdsprachige Wörter, Sätze, Sprichwörter und Zitate in seinen Text einfließen, ohne eine Übersetzung für den Leser zu liefern, was den Bildungsanspruch des Autors belegt und als Ausdruck kultureller Überlegenheit interpretiert werden kann. Klaus Zelewitz betont in seinem Aufsatz die exotische Komponente, die die Verwendung von ´originalem` Wortmaterial im Brasilien-Buch mit sich bringe, denn „Autor und Leser werden zu einem globetrottenden und polyglotten Duo."[58]

3.1. Einleitung

Zweig beginnt sein Brasilien-Buch mit einer Einleitung, in der er die Gründe und Absichten, die zu seiner Entstehung geführt haben, erläutert. Durch die direkte Ansprache will er „[...] ein richtiges Einverständnis zwischen dem Schreibenden und denen, für die es geschrieben [...]"[59] ist, erzielen und dem Leser die Gründe für seine Themenwahl aufzeigen.

Zweigs Erwartungen an das Land sind vor der ersten Begegnung nach eigenen Aussagen ´nicht sonderlich groß`.[60]

> *Ich hatte die durchschnittliche hochmütige Vorstellung des Europäers oder Nordamerikaners von Brasilien und bemühe mich jetzt, sie zurückzukonstruieren: irgendeine der südamerikanischen Republiken, die man nicht genau voneinander unterscheidet, mit heißem, ungesundem Klima, mit unruhigen politischen Verhältnissen und desolaten Finanzen, unordentlich verwaltet und nur in den Küstenstädten halbwegs zivilisiert, aber landschaftlich schön und mit vielen ungenützten Möglichkeiten – ein Land also für verzweifelte Auswanderer oder Siedler und keinesfalls eines, von dem man geistige Anregung erwartet.*[61]

Schon ganz zu Anfang seines Buches thematisiert Zweig hier das Problem, ein vorgefertigtes Bild im Gepäck mit sich zu tragen, das sich aus einer Fülle von

---

58 Zelewitz, In: Schwamborn (1999): 151
59 Zweig (1997): 7
60 Zweig (1997): 7
61 Zweig (1997): 7

Stereotypen über das Land zusammensetzt: „[I]ch habe selbst, als ich das erste Mal von Europa abfuhr, nichts oder wenigstens nichts Zuverlässiges von Brasilien gewusst."[62] Dieses unzuverlässige Bild zu revidieren setzt er sich zum Ziel. Was allerdings im Verlauf seines Buches folgt, entfernt sich nicht allzu weit von seinen ursprünglichen ´hochmütigen Vorstellungen`, wie der Autor sie beschreibt: sein Brasilien ist ein Land in der Entwicklung, ein Land der Zukunft, landschaftlich wunderschön, mit ungesundem, die Leistung beeinträchtigendem Klima, mit unruhigen politischen Verhältnissen - auch wenn er das nicht bemerkt, oder bemerken will[63] - und vor allem in den Küstenstädten zivilisiert. Zweig gesteht Brasilien die Aufgabe zu[64], geistige Anregung für den Europäer zu schaffen, allerdings nur im Ansatz. Wie sich im Laufe des Buches herausstellt, ist es eigentlich doch umgekehrt, Europa bietet geistige Anregung für Brasilien, dessen kulturelle Erzeugnisse Zweig nur als Ergebnis der europäischen ´Saat` beschreibt. Anstatt den Leser für stereotype Vorstellungen über Brasilien zu sensibilisieren und seine ´europäische Optik`[65] umzustellen, forciert sie Zweig, wenn auch ohne konkrete Absicht.

Dem Autor ist klar, dass er vom Land „[...] eigentlich nichts gesehen [hat] oder keinesfalls genug."[66] Er räumt ein, dass das von ihm skizzierte Bild nicht vollständig sein kann, dass „[...] ein ganzes Leben kaum ausreiche, um sagen zu dürfen: ich kenne Brasilien"[67], und dass ihm vor allen Dingen die Vertrautheit mit dem ´primitiven Leben`, das ´von der Kultur kaum berührt` wurde, fehlt. So führt Stefan Zweig konsequenterweise gleich in seiner Einleitung eine lange Liste von all jenem an, was er von Brasilien nicht kennen gelernt hat:

„[...] [N]icht das Leben der barqueiros, die auf den Strömen schiffen, nicht das der caboclos, im Amazonengebiet, nicht das der Diamantensucher, der garimpeiros, nicht das der Viehzüchter, der vaqueiros und gaúchos, nicht das der Gummiplantagenarbeiter im Urwald, der seringueiros oder das der sertanejos von Minas Gerais."[68]

Ebenso wenig hat er die deutschen Niederlassungen im Bundesstaat Santa Catarina und Rio Grande do Sul besucht oder „[...] die japanischen Kolonien im Innern São Paulo und [Zweig] kann niemandem verlässlich sagen, ob

---

62 Zweig (1997): 8
63 „[E]s ist kein Zufall, dass es [...] heute, da es als Diktatur gilt, mehr individuelle Freiheit und Zufriedenheit kennt, als die meisten unserer europäischen Länder.", Zweig (1997): 18-19
64 Vgl.: Zweig (1997): 170-171
65 Vgl.: Zweig: Kleine Reise nach Brasilien, In: Zweig: (1943): 288
66 Zweig (1997): 9
67 Zweig (1997): 10
68 Zweig (1997): 10-11

wirklich noch manche der indianischen Stämme in den undurchdringlichen Wäldern kannibalisch sind."[69]

Genau genommen kennt er von Brasilien nur Rio de Janeiro, wo er einige Wochen gelebt hat und Teile des Bundesstaates São Paulo, der neben den südlichen Bundesstaaten eines der Gebiete des Landes mit dem größten europäischen Einfluss ist. Er ist in Ouro Preto in Minas Gerais gewesen und hat etappenweise eine Flugreise über den Norden des Landes gemacht. Stefan Zweig ist definitiv „[...] nicht weit über den Rand der Zivilisation in Brasilien herausgekommen."[70] Er betont zudem, dass es ihm auch aufgrund der rasanten Entwicklung, in der sich Brasilien befinde, nicht möglich sei, in seinem Buch einen vollständigen Überblick über das Land zu bieten.[71] Nichtsdestotrotz hegt er die Ambition, die „[...] verworrenen und unzulänglichen Vorstellungen selbst gebildete[r] und politisch interessierte[r] Menschen von diesem Land [...]"[72] zu korrigieren und zu verbessern[73].

Sein Unwissen zu Brasilien umgeht er geschickt, indem er seine Betrachtungen von einem bestimmten Problem ausgehend anstellt, dass ihm „[...] das aktuellste scheint und im Geistigen und Moralischen heute Brasilien einen besonderen Rang unter allen Nationen der Erde gibt."[74] Immer wieder betont Zweig die Bedeutung Brasiliens für die künftigen Generationen und seine Rolle als ein ´Land der Zukunft`.[75] Diese Annahme sieht er im - scheinbar - friedlichen Zusammenleben unterschiedlichster Ethnien in Form einer einheitlichen Nation in Brasilien begründet. Die zentrale Frage, wie auf der Welt „[...] ein friedliches Zusammenleben der Menschen trotz aller disparaten Rassen, Klassen, Farben, Religionen und Überzeugungen [...]" zu erreichen sei, habe Brasilien „[...] in [...] glücklicher und vorbildlicher Weise gelöst [...]."[76] Durch seine Vergangenheit sei das Land herausgefordert gewesen, sich mit dem Problem der Vermischung unterschiedlichster Völker auseinander zu setzen. Es habe nicht, wie zu vermuten gewesen wäre, den europäischen Nationalitäten- und Rassenwahn übernommen und sei auch

---

69   Zweig (1997): 11
70   Zweig (1997): 11
71   „Ist es nicht Anmaßung, gleich auf den ersten Griff, mit nur einer mehrmonatlichen Reise eine Land, eine Welt kennen zu wollen, die sich selbst noch nicht einmal im Ausmaß kennt? Alles Reisen in Brasilien heißt Entdecken und doch gleichzeitig Verzichten: Jeder sieht nur einen Teil, keiner kennt das Ganze.", Zweig (1997): 283-284
72   Zweig (1997): 8
73   Um dann im Anschluss selbst mit einem Topoi wie dem vom kannibalischen Indianer Brasiliens zu hantieren und damit eine der vielen unzulänglichen Vorstellungen über sein Gastland zu nähren, Zweig (1997): 11
74   Zweig (1997): 12
75   Zweig 1997): 9
76   Zweig (1997): 12

nicht „[...] das zerspaltenste, das unfriedlichste und unruhigste Land der Welt [...]"⁷⁷ geworden.
Stattdessen präsentiert sich Zweigs Brasilien als ein Vorbild an Humanität, welches die Bewunderung der Welt verdiene.

> *Da sind die Abkömmlinge der Portugiesen, die das Land erobert und kolonisiert haben, da ist die indianische Urbevölkerung, die das Hinterland seit unvordenklichen Zeiten bewohnt, da sind die Millionen Neger, die man in der Sklavenzeit aus Afrika herüberholte, und seitdem die Millionen Italiener, Deutsche und sogar Japaner, die als Kolonisten herüberkamen. Nach europäischer Einstellung wäre zu erwarten, dass jede dieser Gruppen sich feindlich gegen die andere stellte, die früher Gekommenen gegen die später Gekommenen, Weiße gegen Schwarze, Amerikaner gegen Europäer, Braune gegen Gelbe, dass Mehrheiten und Minderheiten in ständigem Kampf um die Rechte und Vorechte einander befeinden. Zum größten Erstaunen wird man nun gewahr, dass alle diese, schon durch die Farbe sichtbar voneinander abgezeichneten Rassen in vollster Eintracht miteinander leben und trotz ihrer individuellen Herkunft einzig in der Ambition wetteifern, die einstigen Sonderheiten abzutun, um möglichst rasch und möglichst vollkommen Brasilianer, eine neue und einheitliche Nation zu werden.*⁷⁸

Zweig sieht das Prinzip der brasilianischen Nation in der ´freien und ungehemmten Durchmischung`⁷⁹ und der „[...] absolute[n] staatsbürgerliche[n] Gleichheit im öffentlichen wie im privaten Leben [...]."⁸⁰ Seine Wahrnehmung des harmonischen Zusammenlebens unterschiedlichster Menschen ´aller Schattierungen` - „[...] Schokolade, Milch und Kaffee [...]"⁸¹ – schildert Zweig in euphorischem Ton. In der brasilianischen Gesellschaft scheinen ihm „[...] keine Farbgrenzen, keine Abgrenzungen, keine hochmütigen Schichtungen [vorhanden] und nichts [...] [sei] für die Selbstverständlichkeit dieses Nebeneinanders charakteristischer, als das Fehlen jedes herabsetzenden Wortes in der Sprache."⁸² Diese ´Vermischung der Rassen` sieht Zweig als ein „[...] bewusst verwertetes Bindemittel einer nationalen Kultur."⁸³

Der Zweigsche Text gesehen als Repräsentationsmedium der Kultur des Autors, zeigt dessen Verankerung in den aktuellen europäischen Debatten der Zeit auf, die sein Denken und seine Sicht auf das Fremde beeinflussen. Der in Europa zirkulierenden Idee einer Vormachtsstellung beziehungsweise Minderwertigkeit bestimmter Rassen setzt er die Humanität und ´absolute staatsbürgerliche Gleichheit` aller Brasilianer entgegen: „Unwillkürlich atmet

---

77 Zweig (1997): 12-13
78 Zweig (1997): 13
79 Vgl.: Zweig (1997): 13
80 Zweig (1997): 13
81 Zweig (1997): 14
82 Zweig (1997): 14
83 Zweig (1997): 14

man auf, der Stickluft des Rassen- und Klassenhasses entkommen zu sein in dieser stilleren, humaneren Atmosphäre."[84]
Auch seine Faszination in Bezug auf die Größe des Landes, „[...] eine Welt mit Raum für dreihundert, vierhundert, fünfhundert Millionen und einem unermesslichen, noch kaum zum tausendsten Teile ausgenützten Reichtum unter dieser üppigen und unberührten Erde"[85], kann in die Auseinandersetzung Zweigs mit aktuellen Theorien wie der vom ′Volk ohne Raum′[86] und damit verbunden seiner Suche nach einem potentiellen Ort für die vertriebenen Juden Europas eingeordnet werden. In einem Brief an seine erste Frau Friderike Zweig geht der Autor explizit auf die Situation der Juden in Brasilien ein:

Die Menschen bezaubernd – und eine Gnade auf Erden – der einzige Ort, wo es keine Rassenfrage gibt, Neger, Weiße, und Indianer, Dreiviertel, Achtel, die herrlichen Mulatinnen [sic!] und Kreolinnen, Juden und Christen leben hier in einem Frieden zusammen, den man nicht schildern kann. Die jüdischen Immigranten sind selig, haben alle Stellungen und fühlen sich wohl.[87]

Zweig blickt auf das Land und seine Gesellschaft durch eine ′europäische Brille` und begegnet dem Anderen mit europäischen Fragestellungen und Problemen im Hinterkopf, die ihn bestimmte Dinge sehen, andere übersehen lassen. Verwiesen sei hier auf die problematische Situation der Juden beziehungsweise jüdischstämmiger Immigranten in Brasilien zum Zeitpunkt der Zweigschen Brasilienbesuche.[88]
Interessanterweise ist sich Zweig auf der einen Seite bewusst darüber, wie unzureichend und falsch Vorstellungen über die oder das Fremde sein können. So zeigt er am Beginn seiner Einleitung eine erhöhte Sensibilität gegenüber der Frage kultureller Wahrnehmung. Auf der anderen Seite trägt er bewusst oder unbewusst zur Verfestigung des herkömmlichen Bildes von Brasilien bei, wobei er sich dabei ganz in der Linie traditioneller Sichtweisen auf das Land[89] bewegt. Er möchte ein positives Bild von diesem Land

---

84 Zweig (1997): 16
85 Zweig (1997): 9
86 „Die Länder sind grundfriedlich, von der schrecklichen Geißel des Nationalismus noch nicht befallen, und zwischen den Menschen gibt es – dank dem Raum zwischen ihnen – weniger Hass. Man betrachtet uns in Europa als Verrückte: und sie haben ja recht: wenn man sieht, wie viel Erde noch verfügbar ist, versteht man nicht, warum die Leute sich an unser Europa klammern [...].", Zweig über Südamerika in einem Brief an Romain Rolland (Ende September 1936), In: Zweig, Stefan/Rolland, Romain: Briefwechsel 1910-1940, Zweiter Band, Ostberlin (1987): 635
87 Zweig an Friderike Zweig (26.8.1936), In: Unrast der Liebe (1981): 243
88 Vgl.: Kapitel 5.2.
89 Seinen Rückgriff auf andere Literatur zum Land und seine Verortung in einem Netz aus Diskursen, die seine Sicht prägen, zeigt neben dem Anfangszitat auch folgender Satz: „Auch von den landschaftlichen Sehenswürdigkeiten kenne ich manche der wesentlichen nur von Bildern und Büchern.", Zweig (1997): 11

zeichnen, seiner Begeisterung über die brasilianischen Lebensumstände Ausdruck verleihen, ein Gegenbild zum Europa[90] der Kriegszeiten aufzeigen.[91] Gleichzeitig aber muss er sein kulturell Eigenes gegenüber dem Fremden abgrenzen um es bestehen zu lassen. Das geschieht durch den strategischen Schachzug, Brasilien im Weltgefüge grundsätzlich nur den Zukunftspart zuzugestehen, was einschränkend wirkt und die europäische Vormachtstellung, von der Zweig in seinem Text ausgeht, nicht antastet: „Nichts liegt mir ferner als vortäuschen zu wollen, dass alles in Brasilien sich heute schon im Idealzustand befindet. Vieles ist erst im Anbeginn und Übergang."[92] Die Losung vom ´Land der Zukunft` verweigert Brasilien und seiner Bevölkerung die Gegenwart[93] und stellt es in einer ewigen, auf die Zukunft ausgerichteten Warteschleife ab. Zweig verweist einerseits auf die zunehmende Verwilderung Europas[94], gleichzeitig aber betont er immer wieder die kulturelle Dependenz Brasiliens von den westlichen Ländern. Strategisch kann von einer grundlegenden Sicherung der hierarchischen Verhältnisse zwischen Europa und Brasilien gesprochen werden, wodurch die superiore Kultur Europas, auch wenn diese sich in den Augen Zweigs durch ´Überzivilisierung` und Zerstörung auszeichnet, ihren angestammten Platz im (kulturellen) Machtgefüge beibehält. Brasilien wird nie als gleichwertig zu Europa beschrieben, sondern ist in seiner Entwicklung grundsätzlich immer einen Schritt hinterher.

Auf den folgenden Seiten beschreibt der Autor seine fulminante Landung im Hafen von Rio de Janeiro, die ihn zugleich fasziniert und erschüttert und einer der mächtigsten Eindrücke ist, die Zweig nach eigenen Aussagen zeitlebens empfand.[95] Starke Emotionen bewegen ihn bei der Betrachtung der Landschaft: „Ein Rausch von Schönheit und Glück überkam mich, der die Sinne erregte, die Nerven spannte, das Herz erweiterte, den Geist besänftigte […]."[96] Die Faszination Brasiliens auf den exilierten Europäer Stefan Zweig, die dieser ekstatisch immer und immer wieder beschreibt, ist nicht zu überlesen: „Und nun weiß man auch, warum sich einem die Seele so entlastend entspannt, kaum man dieses Land betritt. [...] [Man vermeint] diese lösende, beschwichtigende Wirkung sei nur Augenfreude, beglücktes In-sich-

---

90   Zweig setzt in seinem Buch Brasilien Europa als ein homogenes Ganzes entgegen, auch wenn es sich vor allem in politischer, aber auch kultureller und wirtschaftlicher Hinsicht um ein disparates Gebilde handelt, in dem zur Zeit der Entstehung des Buches sowohl demokratische, als auch monarchische und diktatorische Staatsformen zu finden waren.
91   Vgl. auch: Holzner, Johann: Stefan Zweigs Brasilienbild, In: Schwamborn (1999): 140
92   Zweig (1997): 16
93   Vgl.: Chiappini, In: Chiappini/Zilly (2000): 15
94   Vgl.: Zweig (1997): 144
95   Zweig (1997): 8
96   Zweig (1997): 9

Aufnehmen jener einzigartigen Schönheit, die den Kommenden gleichsam mit weit gebreiteten Armen an sich zieht."[97] Die erotische Komponente seiner Begegnung mit dem personifizierten Brasilien fällt ins Auge.

Geht man davon aus, dass ekstatische Verzückung, wie Zweig sie hier beschreibt, den rationalen Erkenntnis-, und Verstehensakt lenkt, kann eine die Objektivität auflösende Beeinflussung in der Begegnung mit der Fremde vorausgesetzt werden. In einem Zustand erregten Rausches nimmt Zweig seine Einfahrt nach Rio de Janeiro wahr, die gleichzeitig seine erste Begegnung mit Brasilien ist. Dieser Augenblick, dieser Blick in die Zukunft, wie er es nennt, ist es, der im Folgenden seine Sicht der Dinge formiert. Sein ʹHerz erweitert sichʹ, die Entspannung und Leichtigkeit, die er empfindet, stehen im Gegensatz zur europäischen Anspannung und werden im Folgenden grundlegend für seine Wahrnehmung der brasilianischen Realität und Mentalität.[98]

Die ʹharmonische Disposition der Naturʹ findet Zweig in der Lebenshaltung der ganzen brasilianischen Nation vor, in der jede Gehässigkeit sowohl im öffentlichen wie auch im privaten Leben fehlt: „[A]lle Gegensätze, selbst jene im Sozialen, haben hier bedeutend weniger Schärfe und vor allem keine vergiftete Spitze."[99] Das Fehlen von Rassen- und Klassenhass, die ʹhumanere Atmosphäreʹ ist für Zweig Ergebnis des ʹerschlaffenden Einflusses des Klimasʹ, durch den der brasilianische Mensch an Stoßkraft, Vehemenz und Dynamik verliert. Diese, in der zivilisierten Welt als ʹmoralische Werte eines Volkesʹ interpretierten Eigenschaften nimmt Zweig als mitverantwortlich für die ʹpsychische Überspannung, Gier und Machtwutʹ in Europa wahr. Die Erfahrung der brasilianischen Lebensart hingegen erscheint ihm als ʹWohltat und Glückʹ[100] sowie eine ʹSeelenkurʹ[101].

Im Grunde lehnt Zweig traditionell-westliche Wertbegriffe zur Beschreibung des Brasilianischen ab. Sein Verstehensdilemma beziehungsweise seine Verortung in den europäischen Normen und Denkmustern zeigt sich aber gerade in der Problematik, neben der traditionellen Rhetorik andere und neue Beschreibungsmöglichkeiten für das Erlebte auszumachen:

[...] [H]ier trat mir nicht nur eine der herrlichsten Landschaften der Erde entgegen, diese einzigartige Kombination von Meer und Gebirge, Stadt und tropischer Natur, sondern auch eine ganz neue Art der Zivilisation. Da war ganz gegen meine Erwartung mit Ordnung und Sauberkeit in Architektur und

---

97 Vgl.: Zweig (1997): 15
98 Johannes Fabian untersucht in seinem Buch „Im Tropenfieber. Wissenschaft und Wahn in der Erforschung Zentralafrikas" (2001) den Zusammenhang von wissenschaftlichem Arbeiten, beziehungsweise objektiver Repräsentation in der Begegnung mit dem Fremden und fehlender Rationalität aufgrund unterschiedlich motivierter, ekstatischer Zustände.
99 Zweig (1997): 15-16
100 Vgl.: Zweig (1997): 16
101 Vgl.: Zweig: Kleine Reise nach Brasilien, In: Zweig (1943): 290

städtischen Anlagen ein durchaus persönliches Bild, da war Kühnheit und Großartigkeit in allen neuen Dingen und gleichzeitig eine alte, durch die Distanz noch besonders glücklich bewahrte geistige Kultur.[102]

Um seiner Sicht auf Brasilien Ausdruck zu verleihen greift er auf eben jene Begriffe zurück, die im deutschen Sprachraum positiv konnotiert sind: Zivilisation, Ordnung, Sauberkeit, Kühnheit. Sein eurozentristisches, in altem hegemonialen Denken verwurzeltes Verständnis von Kultur und Ordnung kommt hier zum Ausdruck, obwohl sich der Autor einige Seiten weiter gerade gegen ein Urteil in Form solcher feststehenden Begrifflichkeiten ausspricht: „Aber die Ereignisse der letzten Jahre haben unsere Meinung über den Wert der Worte >Zivilisation< und >Kultur< wesentlich geändert. Wir sind nicht mehr willens, sie kurzerhand dem Begriff >Organisation< und >Komfort< gleichzustellen."[103]

Zweig verweist auf die Auswirkungen von ´höchster Organisation`, die in den europäischen Auseinandersetzungen nicht im Sinne der Humanität, sondern zum Zwecke der ´Bestialität` genutzt wird.[104] Statt die ´hochkultiviertesten und hochzivilisiertesten Völker` nach Produktivität, Kulturalität und Organisation zu bewerten, plädiert er für „[...] die Einrechnung der humanen Gesinnung"[105] als Gradmesser für die Vorbildlichkeit eines Landes. Aber trotz seines Lobes in Bezug auf die Humanität Brasiliens spricht er von dessen Rückständigkeit in den Bereichen der Lebenshaltung. Zu den Defiziten Brasiliens zählt er die aktuellen technischen und industriellen Leistungen des Landes, die mangelnde Entwicklung der Bürokratie, die fehlende Infrastruktur und eine gewisse ´Laxheit` im täglichen Umgang der Brasilianer[106]. Damit verbleibt er wieder bei den im Westen üblichen Kriterien für die Bewertung von Zivilisation und Progression eines Landes.

Dadurch wird deutlich, dass Zweig die Position ´zivilisatorischer Überlegenheit` des Reisenden gegenüber dem Land, die er beanstandet, selbst nicht ablegt, auch wenn er dies vorgibt: „Und mit einer erstaunlichen Geschwindigkeit schmolz der europäische Hochmut dahin, den ich höchst überflüssigerweise als Gepäck auf die Reise mitgenommen."[107] Ebenso kritisiert er die Auffassung, nach der alle außereuropäischen Länder als geistige Kolonien Europas betrachtet werden.[108]

Im Bezug auf die Bevölkerung beschreibt Zweig begeistert die Schönheit, den zarten Wuchs und das sanfte Verhalten der Mischlingsfrauen und – kinder, die Intelligenz, Bescheidenheit und Höflichkeit in den „[...] halbdunklen

---

102 Zweig (1997): 8-9
103 Zweig (1997). 17
104 Zweig (1997): 17
105 Zweig (1997): 17
106 Vgl.: Zweig (1997): 16
107 Zweig (1997): 9
108 Vgl.: Zweig: Dank an Brasilien, In Zweig (1937): 168

Gesichtern der Studenten [...]"[109]. Es handelt sich hierbei um Schilderungen, die an die romantische Auffassung vom exotischen Wilden erinnern.

Der brasilianische Volkscharakter ist bei Zweig entsprechend gekennzeichnet durch den Willen zu Verständigung und Verträglichkeit, Konzilianz, humaner Haltung und Toleranz. Dies sind Charaktermerkmale, die er auch dem österreichisch-ungarischen Volk unter der die Nationen vereinigenden Doppelmonarchie im Vorkriegsösterreich zuschreibt: „Eine gewisse Weichheit und linde Melancholie formt hier einen neuartigen und sehr persönlichen Gegensatz heraus zu dem schärferen und aktiveren Typus des Nordamerikaners."[110] 'Wahnwitzige Überreiztheit' und 'fürchterliche Spannung' stellt Zweig der 'totalen Abwesenheit jedweder Gehässigkeit', einer 'unfanatischen Form des Lebens'[111] gegenüber; ein Kontrastprinzip, das das Positive im Gegenbild Brasilien[112] noch verstärken soll. Sein allzu positiver Blick kann im Sinne eines 'positiven Rassismus'[113] gewertet werden, dem es nicht um den brasilianischen Menschen an sich geht, sondern darum, ihn in seiner extrem positiven Ausgestaltung als Identifikationsobjekt zu stilisieren.

Die Enttäuschungen über die Widerlegung seiner Ideale in seiner Heimat und seine Vertreibung aus dem kriegerischen Europa motivieren Zweig als leidenschaftlichen Europäer und Kosmopoliten zur impliziten Suche nach einem neuen Ort, an dem seine Vorstellungen verwirklicht scheinen und der damit für die Rettung seiner Ideale eintritt: „Immer leidenschaftlicher wurde mein Wunsch, mich aus einer Welt, die sich selbst zerstört, für einige Zeit in eine zu retten, die friedlich und schöpferisch aufbaut."[114]

Folgende Ideen formuliert Stefan Zweig 1932 in seinem Vortrag „Der europäische Gedanke in seiner historischen Entwicklung" für Europa:

Verhaeren[115] glaubte (und wir glauben mit ihm) an die Vitalität Europas und seine noch lange nicht erschöpfte Kraft, er glaubte, dass wir europäischen Nationen berufen sind, die Führung der Welt zu bewahren und zu behaupten – freilich nur, wenn wir die Kraft und Stärke unserer Rassen und Klassen nicht in unfruchtbarem Streit vermindern und zerstören, sondern sie binden durch leidenschaftliche Gemeinschaft. [...] Wie müssen einig sein wir Männer des Abendlandes, wir Erben der alten Kulturen, wenn wir die Führung behalten und das Werk, das vor zweitausend Jahren auf dieser Erde begann, vollenden wollen; - alle unsere Verschiedenheiten und Eifersüchteleien müssen wir einschmelzen in der

---

109   Zweig (1997): 15
110   Zweig (1997): 15
111   Vgl.: Zweig (1997). 15-16
112   Caeiro merkt an, dass die Idee Zweigs, Südamerika als Gegenbild zu Europa einzusetzen, von seiner Kenntnis der Amazonas Trilogie Alfred Döblins herrühren könnte, Vgl.: Caeiro (1994): 37
113   Vgl.: Honold, Alexander: Lust am Fremden. Szenen einer interkulturellen Literaturgeschichte, In: Der Deutschunterricht, Jahrgang 53 (2001), Heft 3: 13
114   Zweig (1997): 10
115   Émile Verhaeren (1855-1916), belgischer Schriftsteller und Freund Stefan Zweigs

> *Leidenschaft für diese größere Ziel der Treue zu unserer gemeinsamen Vergangenheit und des Glaubens an unsere gemeinsame Zukunft.* [116]
>
> *In diesem Übernationalen Reich des Humanismus, in dieser Herrschaft einer internationalen Elite, die – gleichgültig gegen politische und soziale Streitigkeiten – in künstlerischer Leidenschaft über alle Grenzen hinwegdenkt, ist [...] der Beweis geliefert, dass ein gemeinsames europäisches Denken möglich ist, und dies Gefühl des sich Wiederfindens belebt wie ein feuriger Rausch die Geister.*[117]

Nachdem sich für Zweig herausstellt, dass die europäischen Nationen, nur durch eine gemeinsame, fortschrittliche und elitäre Kultur verbunden, nicht in der Lage sind, politische und soziale Fragestellungen in den Hintergrund zu rücken und sich dem Ziel einer gemeinsamen Zukunft zu verschreiben, ´entdeckt` er Brasilien. Und das Land erscheint ihm in seiner gelebten Humanität als „[...] eines der vorbildlichsten und darum liebenswertesten Länder unserer Welt"[118], als der Ort, der auch noch, „[...] da [...] [er] als Diktatur gilt, mehr individuelle Freiheit und Zufriedenheit kennt [...] als die meisten unserer europäischen Länder."[119]

Brasilien stellt für Zweig eine der „[...] besten Hoffnungen auf eine zukünftige Zivilisierung und Befriedung [...] [einer] von Hass und Wahn verwüsteten Welt"[120] dar. Den Führungsanspruch europäischer Kultur und Zivilisation gibt Zweig dabei nicht auf. Die ´Aufbauelemente`[121] der brasilianischen Kultur kommen aus Zweigs Sicht aus Europa, die Menschen, die an der ´Herausformung einer typischen Kultur` teilnehmen sind europäischer Abstammung, oder zumindest europäisch geprägt[122], so dass sich die europäische Saat in seinen Augen unter humaneren Vorraussetzungen neu entwickeln und vor allem überleben kann.[123]

> *Waren nicht seit tausenden Jahren die Kulturen gewandert von einem Land zum anderen, waren nicht immer, wenn der Baum von der Axt verfallen, die Samen gerettet worden und damit neue Blüten, neue Frucht? [...] Man musste nur lernen, in größeren Dimensionen zu denken, mit weiteren Zeiträumen zu rechnen. Man*

---

116   Zweig: Der europäische Gedanke, Vortrag (Florenz 1932), In: Zweig: Zeit und Welt (1943): 344-345
117   Zweig: Der europäische Gedanke, Vortrag (Florenz 1932), In: Zweig: Zeit und Welt (1943): 335
118   Zweig (1997): 17
119   Zweig (1997): 18-19
120   Zweig (1997): 19
121   Vgl.: Zweig (1997): 140
122   Vgl.: Zweig (1997): 160
123   "One suspects that Brazil´s >Europeanness< was one of the main facts of the country which attracted Zweig away from the United States in which he never really felt comfortable.", Karsen Sonja P./Ritter, Mark: Stefan Zweig´s and Gilberto Freyre´s Views of Brazil as a Country of Future, In: Moeller, Hans Bernhardt: Latin America and the literature of exile: a comparative view of the 20th century European refugee writers in the New World, Heidelberg (1983): 356

sollte beginnen, sagte ich mir, nicht mehr bloß europäisch zu denken, sondern über Europa hinaus, nicht sich selbst in einer absterbenden Vergangenheit begraben, sondern teilhaben an ihrer Widergeburt. [...] Hatte ich Europa verloren gegeben seit jenem letzten Blick auf den kommenden Krieg, so begann ich unter dem Kreuz des Südens wieder zu hoffen und zu glauben.[124]

3.2. Geschichte

Die Zusammenfassung der brasilianischen Geschichte lässt Zweig am 22. April 1500 mit der Entdeckung des Landes durch die Europäer beginnen. Er beschreibt die Landung Pedro Álvares Cabrals, der Portugal mit dem offiziellen Ziel verlassen haben soll, die Reise Vasco da Gamas nach Indien zu wiederholen und dabei auf die Küste Brasiliens gestoßen sei.

Stefan Zweig spricht dem Land die Existenz einer Geschichte vor der Ankunft der Europäer ab, was er auch im Kapitel über die brasilianische Kultur noch genauer ausführt.

Wo immer man im Historischen hier über den Tag zurückgreifen will, da die ersten Europäer landeten, greift man in ein Vakuum, in ein Nichts. Alles was wir heute brasilianisch nennen und als solches anerkennen, lässt sich nicht aus einer eigenen Tradition erklären, sondern aus einer schöpferischen Umwandlung des Europäischen durch das Land, das Klima und seine Menschen.[125]

Mit dieser Ansicht passt sich Zweig dem herkömmlichen Bild von Lateinamerika an, dem zu Folge es sich um einen Kontinent ohne eigene Vergangenheit und Geschichte handelt, der, seine Bewohner eingeschlossen, erst im Zuge der Entdeckung durch die Europäer überhaupt eine Existenzberechtigung erhält. Aufgrund dieser Sicht stellt die Annexion und Eroberung Lateinamerikas im Folgenden für Zweig auch kein moralisches Problem dar.

Ausführlich beschreibt Stefan Zweig die Konkurrenz Portugals zu seinem iberischen Nachbarn Spanien während der frühen Entdeckungsphase, die anschließende Teilung der Welt in eine portugiesische und eine spanische Hemisphäre, die ersten Eindrücke der Portugiesen vom neuen Land und die Feststellung der Eroberer, dass zumindest in den Küstengebieten Brasiliens keine Gold- und Silberquellen vorhanden zu sein schienen. Zweig berichtet im Stile der ersten Chronisten von den Erstkontakten mit dem Land und seinen Einwohnern und zitiert Amerigo Vespucci, der in Brasilien das ´irdische Paradies` zu erkennen glaubt.

Der erste Eindruck des neuen Landes auf die gelandeten Seeleute ist ausgezeichnet: fruchtbare Erde, milde Winde, frisches, trinkbares Wasser, reichliche Früchte, eine freundliche und ungefährliche Bevölkerung. [...] Die Einwohner, die den

---

124 Zweig: Die Welt von Gestern. Erinnerungen eines Europäers, Stockholm (1941): 414
125 Zweig (1997): 141

> *Entdeckern im Unschuldskleid der Nacktheit in den ersten Tagen entgegentreten und ihre unbedeckten Körper >com tanta innocencia [sic!] como o rostro< mit ebensoviel Unbefangenheit wie ihr Gesicht darbieten, bereiten ihnen einen freundlichen Empfang.*[126]

Zweig berichtet in begeistertem Ton vom Wagemut und Heroismus des ´kleinen und armen` Portugals, dem Entdecker Brasiliens, das selbst „[...] kaum zweihundert Jahre [...] der arabischen Herrschaft entrungen [...]"[127], sich nun auf dem Weg zur Weltmacht befindet. Wie schon angedeutet erscheint dem Autor die Ausbreitung europäischer Kultur über die Welt und die Inbesitznahme und Ausbeutung der unterworfenen Länder kein verwerflicher Akt.[128]

Zweig geht auf die zahlreichen Besiedelungsversuche und die Organisation des Handels mit dem Brasilholz ein sowie auf den Versuch der Kolonialmacht, Ordnung und Einheitlichkeit im Land zu schaffen. Anschließend berichtet er vom Wechsel Brasiliens in den Besitz der spanischen Krone zwischen 1578 und 1640, der dem Land ´alle Feinde Spaniens ins Haus` bringt. Darunter auch die Holländer, die ab 1624 die Nordküste besetzten, mit der Rückgewinnung Brasiliens durch Portugal aber aus dem Land vertrieben wurden. Er schildert die Sklavenjagden der Paulistas, der Einwohner São Paulos, die erste ´Vorspiele` zu den Unabhängigkeitsbewegungen des Landes, die Flucht der portugiesischen Monarchie nach Brasilien, dessen volle staatsrechtliche Gleichberechtigung zu Portugal (1815), die Rückkehr João VI. nach Lissabon (1820) und die Einsetzung seines Sohnes Pedro I. zum Kaiser von Brasilien, der die endgültige Unabhängigkeit des Landes (1822) folgte. Anschließend berichtet Zweig von der Nachfolge Pedro II. (1831), der Abschaffung der Sklaverei (1888) und dem Staatsstreich, der zur Entstehung der föderalistischen Republik Brasilien führte, bis er seine historischen Ausführungen schließlich mit der Präsidentschaft Getúlio Vargas´ enden lässt.

Den größten Raum in seinem Kapitel zur brasilianischen Geschichte räumt Stefan Zweig dem Wirken der Jesuiten[129] ein, die 1549 unter Manuel da

---

126 Zweig (1997): 23
127 Zweig (1997): 24
128 Auch in seinem Aufsatz „Kleine Reise nach Brasilien" betont Zweig den Akt der Inbesitznahme Brasiliens als ein ´historisches Wunder` und schreibt von den ´kühnen Konquistadoren`, die in einer ´tierra incognita`, einem völlig unwegsamen Land ihre Kolonien errichten, Vgl.: Zweig: Kleine Reise nach Brasilien, In: Zweig (1943): 290-291
129 Karsen/Ritter gehen in ihrem Aufsatz davon aus, dass Zweig ganz im Stil seiner historischen Biografien auf der Suche nach heldenhaften Figuren für sein Brasilienbuch gewesen und dabei auf die Rolle der Jesuiten in der brasilianischen Geschichte gestoßen sei, Karsen/Ritter, In: Moeller (1983): 354

Nóbrega erstmals ins Land kamen. In ihnen sieht er die 'Former' und 'Meister' der brasilianischen Lebensweise.[130]

Die Jesuiten sind nach Zweig die ersten, „[...] die nichts für sich und alles für das Land wollen. Sie führen Pflanzen und Tiere mit sich, um die Erde zu befruchten, sie bringen Medizin, um die Menschen zu heilen, Bücher und Instrumente, um die Ungebildeten zu belehren, sie bringen ihren Glauben und die von ihrem Lehrer disziplinierte sittliche Zucht [...]."[131] Ihr Ziel sei es gewesen, den Prozess des 'abrasileiramento' in Gang zu bringen, die 'schöpferische Idee', aus einem „[...] Konglomerat verschiedenster Elemente einen Organismus und aus den offenbarsten Gegensätzen eine Einheit [...]"[132], eine Nation, zu schaffen und diese „[...] im Sinne der Kultur auszubilden."[133] Zweig sieht die Jesuiten insofern als die ursprünglichen Träger und Überbringer der brasilianischen Idee, als sie nicht den der Zeit entsprechenden Umgang der Kolonisten mit den Ureinwohnern und den vorgefundenen Ressourcen pflegen, sondern über den „[...] Raubbauprozess hinaus an den Aufbauprozess, an die nächsten Generationen [denken] und [...] vom ersten Augenblick im neuen Lande die moralische Gleichsetzung aller mit allen [antizipieren]."[134] Durch das Christentum sollten Zweig zu Folge die Ureinwohner „[...] zu Menschen erhoben [...] und zur abendländischen Zivilisation geführt werden [...]."[135] Dass es dabei in den Zeiten der Reformation hauptsächlich um eine religiöse Einheit zu Gunsten der katholischen Kirche und weniger um eine sprachliche beziehungsweise die eines einheitlichen Staates ging, erkennt Zweig nicht.[136]

Die Tatsache der Eroberung und Domestizierung eines fremden Landes wird von Zweig nicht problematisiert. Eher scheint er von der Notwendigkeit des

---

130 Vgl.: Zweig (1997): 66
131 Zweig (1997): 34
132 Zweig (1997): 34
133 Zweig (1997): 38; Offenbar gesteht Zweig den Jesuiten nicht nur den Anstoß zur Brasilianisierung des Landes zu, sondern zusätzlich eine Art 'Laborarbeit' an der 'Retorte des Landes' mit dem Ziel eines optimalen Vermischungsergebnisses: „Durch die ständige Einfuhr schwarzer Sklaven „[...] droht durch diese Fülle der Neger und die erstaunliche Anzahl der von den Portugiesen produzierten mamelucos, dieser Mischlinge aller Schattierungen, der europäische, der zivilisatorische Einfluss ins Schwinden zu geraten; [...] ohne die Arbeit der Jesuiten, die im Innern des Landes überall Fazenden anlegen und die Bevölkerung zur Sesshaftigkeit erzieren, die die Ausrottung der Eingeborenen verhinderten und durch Vorurteilslosigkeit die Mischung beförderten, wäre Brasilien vielleicht ein afrikanisches Land geworden, weil Europa sich völlig gleichgültig zeigt.", Zweig (1997): 53
134 Zweig (1997): 34
135 Zweig (1997): 34
136 Obwohl er an anderer Stelle schreibt, der Traum Portugals sei es gewesen, „[...] die ganzen drei Erdteile für sich und den christlichen Glauben zu erobern.", Zweig (1997): 54

Imports europäischer Zivilisation und Kultur nach Brasilien auszugehen. Einerseits lässt sich diese Sichtweise an der rassistisch-abwertenden Rhetorik in Bezug auf die indigene Bevölkerung in diesem Kapitel ablesen, andererseits geht es ihm in der Folge immer wieder um die Einführung von Organisation und Ordnung[137], Recht und Pflicht[138] als unentbehrliche Mittel für die Strukturierung Brasiliens im europäischen Sinn. Dass es gerade die Kolonialisten waren, die Unordnung in Form von Krankheiten und Sittenverfall[139] ins Land brachten, kommt nur am Rande zur Sprache.

Andere Begrifflichkeiten wie ʹFührungʹ, ʹZuchtʹ, ʹ(Selbst-)Disziplinʹ, ʹasketischer Willeʹ, ʹheroische Energieʹ, ʹsittliche Reinheitʹ und sogar ʹzielklarer Fanatismusʹ fallen im Zusammenhang mit den Jesuiten und auch diese Definitionen scheinen in Zweigs Wertung positiv belegt zu sein. Die Beschreibung der Jesuiten als ʹSoldaten Christiʹ geht einher mit einer breiten Auswahl an kriegerischem Vokabular: Zweig spricht von ʹgeistiger Kriegerschaftʹ, von ʹgestählter Energieʹ, um den ʹunermesslichen Widerstand der menschlichen Schwächeʹ zu überwinden, von Kampf, Befreiung und Selbstaufopferung.[140]

Die Urbevölkerung des Landes vergleicht er mit ʹWildenʹ[141], bezeichnet sie als ʹnackte Kannibalenʹ[142] oder auch ʹnackte Wesenʹ[143], die willig, dankbar, träge und gedankenlos[144] sind und spricht vom ʹTiefstand ihrer Lebenshaltungʹ[145]. Die Sklaven betitelt der Autor mit ʹlebendes Materialʹ, der Ausdruck ʹschwarze Schandeʹ ist der einzige dieser Art, den Zweig in Anführungszeichen setzt.[146] Nicht immer ist ganz klar, welche Position Zweig einnimmt, wenn er die Urbevölkerung beispielsweise als ʹzweibeinige braune Tiereʹ[147] bezeichnet, die nomadisch weiterziehen, wenn sie eine Gegend ʹabgegrastʹ[148] haben. Der nachfolgende Satz kann fast nicht ernst gemeint sein: „[...] gleichgültig, ob sie bei der Arbeit verrecken oder nicht; für jeden Toten holt man sich in der munteren *caça al branco* ein Schock neuer ein und hat dazu noch einen sportlichen Spaß."[149] Eher scheint es an dieser Stelle, als wolle Zweig eine Verstärkung der Reaktion beim Leser durch das Mittel der Ironie hervorrufen.

---

137 Vgl.: Zweig (1997): 31, 32, 63
138 Zweig (1997): 32, 63
139 Vgl.: Zweig (1997): 39
140 Vgl.: Zweig (1997): 32, 34, 36
141 Vgl.: Zweig (1997): 24, 37, 39
142 Vgl.: Zweig (1997): 28, 37
143 Vgl.: Zweig (1997): 37
144 Vgl.: Zweig (1997): 38
145 Vgl.: Zweig (1997): 34, 37
146 Vgl.: Zweig (1997): 77
147 Zweig (1997): 41
148 Vgl.: Zweig (1997): 37
149 Zweig (1997): 41

Interessanterweise bewegt sich Zweig als Jude hier innerhalb eines Diskurses, der sich in Deutschland gegen Seinesgleichen richtete. Trotz seines Status als Opfer dieser nationalsozialistischen Politik, nimmt Zweig ähnliche rassisch motivierte Unterteilungen in Bezug auf andere Bevölkerungsgruppen vor. Dem Autor, als eigentlich selbstreflektiver Mensch von humaner Gesinnung, scheint nicht aufzufallen, auf welche argumentative Ebene er sich damit begibt.

Einige Begrifflichkeiten, die der Autor verwendet und auf die man als moderner Leser gezwungenermaßen irritiert reagiert, müssen jedoch im historischen Zusammenhang bewertet werden, gerade wenn von Negern, Farbigen oder Eingeborenen die Rede ist.

> *[...] Die Eingeborenen [befinden] sich noch auf dem tiefsten Tiefstand der nomadischen Epoche, [das] zeigt schon der erste Blick. Sie gehen völlig nackt, kennen keine Arbeit, haben weder Schmuck noch das primitivste Gerät. [...] An sich eine gutmütige und sanfte Rasse, führen sie Krieg untereinander nur, um Gefangene zu machen, die sie dann unter großen Festlichkeiten verzehren. Aber auch dieser kannibalische Brauch stammt nicht aus einer besonderen Grausamkeit ihrer Natur; im Gegenteil, diese Barbaren geben den Gefangenen noch ihre Tochter zur Frau und hegen und pflegen ihn, ehe sie ihn schlachten. Wenn die Priester versuchen sie des Kannibalismus zu entwöhnen, so stoßen sie mehr auf verwundertes Erstaunen als auf wirklichen Widerstand, denn diese Wilden leben noch völlig jenseits jeder kulturellen oder moralischen Erkenntnis, und Gefangene zu verzehren bedeutet für sie nichts als ein ebenso festlich unschuldiges Vergnügen wie Trinken, Tanzen oder mit Frauen Schlafen.*[150]

Zweig sieht das Einwirken der Jesuiten auf die brasilianische Urbevölkerung weder als etwas Verwerfliches noch als einen Akt hegemonialen Verhaltens, da sie „[...] überhaupt keine religiösen und sittlichen Vorstellungen besitzen [...]"[151]. Dies macht es zudem noch einfacher, sie nach europäisch-zivilisatorischen Vorstellungen zu formen: die Urbevölkerung „[...] ist ein >unbeschriebenes Blatt< [...], das weich und gefügig die neue Vorschrift aufnimmt und jeder Belehrung vollen Raum lässt."[152]

Zweig schreibt ungehemmt in einem abwertend-rassistischen Vokabular über die indigene Bevölkerung des Landes. Er argumentiert aus der Vorstellung heraus, vor den Europäern habe es in Brasilien keine Geschichte, nur „[...] ein völlig leeres, völlig unorganisiertes Land [...]"[153] gegeben, was Kolonisierung und Missionierung rechtfertige. Ohne zu zögern trennt er Menschen in inferiore und superiore Gesellschaften und oktroyiert der Fremdkultur moralische Vorstellungen seines eigenen kulturellen Hintergrunds auf.

---

150 Zweig (1997): 37
151 Zweig (1997): 37
152 Zweig (1997): 37
153 Zweig (1997): 35

Zweig stellt das Interesse der Jesuiten an der Gleichstellung aller künftigen Brasilianer als zivilisatorisch-christliches Konzept dar. Gleichzeitig verteidigt er die Haltung der Ordensbrüder zur Sklavenfrage: „Um wenigstens einen Teil der Eingeborenen zu retten, müssen die Jesuiten in der Sklavenfrage paktieren. [...] Außerdem sind die genötigt, [...] den Import afrikanischer Neger zu befürworten."[154] Es entsteht fast der Eindruck, die Jesuiten, die Zweig zu verteidigen versucht, setzten nicht die Gleichheit aller Menschen voraus, sondern nur die derjenigen, die durch Taufe oder durch Herkunft zivilisiert sind. Der heidnische ´Negersklave`, beziehungsweise der ´Eingeborene`, der im von der Kirche gebilligten ´gerechten Krieg` besiegt wird, gehören nicht dazu.[155]

Für Zweig hat die Urbevölkerung im Brasilianisierungsprozess klaren Objektstatus: „Jeder freie Eingeborene bedeutet für sie [die Jesuiten] ein notwendiges Objekt der Besiedelung und Zivilisierung."[156] Dieser Prozess ist, aus historischer Warte gesehen, nicht wie Zweig behauptet auf ein freies, unabhängiges und einheitliches Brasilien und damit zu Gunsten der brasilianischen Bevölkerung ausgerichtet. Vielmehr handelt es sich dabei um eine Entwicklung zu Gunsten der katholischen Kirche und der portugiesischen Krone. Schließlich bedeuteten Erziehung, Zivilisierung und Bekehrung im europäisch-christlichen Sinn de facto mehr Untertanen und organisierte Arbeitskraft für das Mutterland und einen Beitrag zu einer katholischen Weltkirche in Form von Gläubigen.

Wie wenig Zweig in der Lage ist über seinen eigenen Horizont hinaus zu blicken und im Fremden nicht beständig das Eigene zu sehen, zeigt sich auch in den Charaktereigenschaften, die Zweig den Helden der brasilianischen Geschichte zuschreibt. Diese sind klar nach den eigenen Idealen und Vorstellungen des Autors von ´wahrem Menschentum` und einer ´führenden Kultur` ausgerichtet.

Da ist der Jesuit Manuela da Nobrega, ein Mann mit ´eherner Denkkraft`, dessen Ziel die Erziehung und Kultivierung Brasiliens ist. Gefolgt von Moritz von Nassau, der „[...] auch im geistigen Sinn ein Edelmann [ist], weitsichtig, großzügig und tolerant"[157]. Außerdem bezeichnet Zweig ihn als Humanisten, der die Idee der Toleranz und des Friedens nach Brasilien bringt. Mit ihm seien Fachleute und Gelehrte ins Land gekommen, um es zu ´erforschen, zu kolonisieren und zu europäisieren` und seine Entwicklung und Organisation voranzutreiben.[158] Durch den portugiesischen König schließlich wird Brasilien ´ein Gegenpol europäischer Zivilisation`, Intellektuelle und Künstler kommen aus Europa, Institute werden gegründet. Sein Sohn Pedro I. schafft Frieden

---

154   Zweig (1997): 42
155   Zweig (1997): 42
156   Zweig (1997): 41
157   Zweig (1997): 57
158   Vgl.: Zweig (1997): 56-57

und ´dauernde Freundschaft` zwischen Brasilien und Argentinien und bewahrt durch seine Abdankung die brasilianische Tradition friedlich ablaufender, politischer Umwälzungen. Zweig beschreibt ihn als eine konziliante Person, die still und ohne Hass oder Groll das Land verlässt. Pedro II. schließlich wird von Zweig als ein Privatgelehrter oder Bibliothekar bezeichnet, den es auf den Thron verschlagen hat,

> *[...] [e]in wahrhaftiger Humanist von anständiger Gesinnung, für dessen Ehrgeiz es höheres Glück ist, einen Brief von Manzoni, Victor Hugo oder Pasteur zu erhalten, als bei militärischen Paraden zu glänzen oder Siege zu erfechten, hält er sich [...] möglichst im Hintergrund und verbringt seine glücklichsten Stunden in Petrópolis bei seinen Blumen oder in Europa mit Büchern und in Museen.[159]*

Er sei ein konzilianter und geistiger Mensch gewesen, ein Liberaler und Demokrat, dem das brasilianische Problem der Sklaverei ein unendliches ´Gräuel` gewesen sei.

> *Es ist dem kultivierten Manne unermesslich peinlich, bei seinen Besuchen in Europa vor den großen Vertretern der Humanität, deren Freundschaft er sucht, vor einem Pasteur, einem Charcot, einem Lamartine, einem Victor Hugo, einem Wagner, einem Nietzsche als verantwortlicher Herrscher des einzigen Weltreiches zu gelten, das noch die Sklavenpeitsche und die Brandmarkung duldet.[160]*

Zweig geht mit negativen Aspekten der brasilianischen Geschichte und dem Charakterbild seines Helden sehr verständnisvoll um. Er ist darum bemüht, das positive Bild des Kaisers Pedro II. aufrecht zu erhalten: die Sklaverei sei dem kultivierten Mann nicht nur ´unermesslich peinlich`, er hege einen ´persönlichen Widerwillen` gegen sie. Nach dem Staatsstreich habe er sich ´still und nobel`, ohne Anklage zurückgezogen, denn seiner ´konzilianten Natur` sei nichts verhasster als ein Bürgerkrieg. Die Eigenschaften, die Stefan Zweig dem brasilianischen Herrscher hier andichtet, scheinen nicht unbedingt Bezug zur reellen historische Persönlichkeit zu haben. Vielmehr projiziert er sowohl auf alle positiv herausgestellten Personen als auch später im Text auf das Land selbst sein menschliches Wunschbild, markiert durch die Verwendung eines immer gleichen Vokabulars.

Auch die Kriege, die Brasilien im Verlauf seiner Geschichte geführt hat, werden von Zweig so erzählt und interpretiert, dass ihnen ihre negative Bedeutung genommen wird: Uruguay wird zwar annektiert – aber nur vorübergehend –[161], der Krieg mit Argentinien bedeutet sogar einen politischen Gewinn, da die Unabhängigkeit Uruguays zur ´dauernden Freundschaft` zwischen Brasilien und seinem südlichen Nachbarn führt. Die Auseinandersetzung mit Paraguay schließlich „[...] – der Kampf gegen Lopez, den aggressiven Militärdiktator von Paraguay – endet nach dem Siege mit

---

159 Zweig (1997): 76
160 Zweig (1997): 78
161 Vgl.: Zweig (1997): 71

einer vollkommenen Versöhnung des Nachbarstaates; sogar die militärischen Trophäen werden dem besiegten Land freiwillig zurückgegeben."¹⁶² Alleine der ′aggressive Diktator` scheint die militärische Konfrontation des ′konzilianten` Brasiliens zu rechtfertigen. Emotionalisierend und damit manipulativ auf den Leser wirken auch Personifizierungen wie ′das Volk fühlt instinktiv`¹⁶³, ′Portugal ist eifersüchtig`¹⁶⁴, ′das Volk kann nicht verzeihen`¹⁶⁵ beziehungsweise Verallgemeinerungen wie ′das Gewissen der ganzen Nation`¹⁶⁶ Brasiliens, das aufgrund der Sklavenfrage bedrückt gewesen sei.

Die literarisch-fiktionale Seite seines als Sachbuch intendierten Berichts beziehungsweise objektiven Reiseberichts wird gerade an solchen Stellen überdeutlich. Zweig geht interpretatorisch vor und stellt dem Leser seine Auslegungen als historische Wahrheit dar. Durch solche literarisch-rhetorischen Strategien nimmt Zweig den Leser für Brasilien ein, überzeugt ihn von dessen versöhnlicher Natur. Dabei dient ihm die Geschichte als Beweis. Denn schließlich, und als ob das schon Beweis genug sei, hat Brasilien „[a]ls einzige der iberischen Nationen [...] keine blutigen Religionsverfolgungen gekannt, nie haben hier die Scheiterhaufen der Inquisition geflammt, in keinem Land sind die Sklaven verhältnismäßig humaner behandelt worden."¹⁶⁷

Das Kapitel zur Geschichte Brasiliens ist insgesamt das ausführlichste des Buches. Es wird abgeschlossen mit dem Satz: „Wer immer Brasilien Heute schildert, beschreibt unbewusst schon sein Gestern. Nur wer seine Vergangenheit ins Auge fasst, sieht seinen wahren Sinn."¹⁶⁸ Die Gegenwart und vor allem das Potential Brasiliens für die Zukunft versucht Zweig aus der Geschichte des Landes heraus zu begründen.

Sowohl in seiner inneren wie in seiner äußeren Politik hat es unerschütterlich, weil die Seele von Millionen und Millionen spiegelnd, dieselbe Methode angewendet: friedliche Schlichtung aller Konflikte durch gegenseitige Konzilianz. Niemals hat es mit seinem Aufbau den Aufbau der Welt gestört und immer nur gefördert, seit mehr als hundert Jahren seine Grenzen nicht erweitert und mit allen seinen Nachbarn sich gütlich verständigt.; es hat einzig seine immer wachsenden Kräfte nach innen gewandt; seine Bevölkerungszahl und Lebenshaltung ständig gemehrt und besonders in den letzten zehn Jahren durch straffere Organisation sich dem Rhythmus der Zeit angepasst. Verschwenderisch von der Natur bedacht mit Raum und unendlichem Reichtum innerhalb dieses Raumes, gesegnet mit Schönheit und

---

162	Zweig (1997): 76
163	Vgl.: Zweig (1997): 70
164	Vgl.: Zweig (1997): 72
165	Vgl.: Zweig (1997): 73
166	Vgl.: Zweig (1997: 77
167	Zweig (1997): 18
168	Zweig (1997): 82

allen erdenkbaren potentiellen Kräften, hat es noch immer die alte Aufgabe seines Anfangs: Menschen aus überfüllten Zonen einzupflanzen in seine unerschöpfliche Erde und, Altes mit Neuem verbindend, eine neue Zivilisation zu schaffen.[169]

Jede Bewegung in der brasilianischen Geschichte erscheint Zweig aus seiner heutigen Perspektive ein ´Glücksfall` für das Land: Die Jesuiten „[...] kommen zur besten Stunde [...]"[170], so wie sie „[...] ein Glücksfall für Brasilien, so ist Brasilien ein Glücksfall für sie, weil die ideale Werkstatt für ihre Idee."[171] Die verzögerte Rolle des Landes im Welthandel ist ebenfalls „[...] im letzten Sinne Brasiliens Glück, weil es ihm eine organische Entwicklung gewährt."[172] Die Vertreibung der ´französischen Hugenotten` und später der Holländer ist trotz deren ´kolonisatorischer Leistung` insofern positiv, als so die Einheit des Landes, der portugiesischen Sprache und der katholischen Religion erhalten bleibt: „[...] gerade die Bedrohung durch die Fremdherrschaft erschafft und fördert erst das brasilianischen Nationalgefühl."[173] Andererseits hat eben gerade die ´gute, zivilisierte Organisation` der Holländer – nach Zweig ein neuerlicher Glücksfall für Brasilien – gezeigt, was im Land bei guter Verwaltung geleistet werden kann.[174] Sogar die ´Bandeirantes` aus São Paulo, „[...] die nur raffen und rauben wollen[...]"[175], haben zur Schaffung Brasiliens ihren Teil beigetragen, da sie „[...] durch ihr wildes, zielloses Vordringen [...] die geographische Entdeckung des Landes"[176] gefördert haben. Das Versiegen der Goldfunde wird für das Mutterland zum Unglück, für Brasilien aber zum Gewinn und trägt zu seiner Stabilisierung bei: „Denn durch das Auffinden des Goldes ist eine neue Verschiebung des Gleichgewichts und damit eine erste Konsolidierung der Menschenverteilung Brasiliens eingetreten."[177] Durch die Umsiedelung des portugiesischen Hofes nach Brasilien, bleiben ´diesem bevorzugten Land` die Unabhängigkeitskriege anderer amerikanischer Staaten erspart, Brasilien kann sich stattdessen der Konsolidierung seiner Grenzen widmen.[178]

Zweigs teleologisches Verständnis von Geschichte als einer Verkörperung einer höheren Vernunft zeigt sich in folgendem Satz: „[...] [U]nd während die bloße Geschichte der Kriege als Gesamtheit nur ein ständiges Auf und Ab ergibt, zeigt die Kulturgeschichte ein ständiges unaufhaltsames Hinauf, ein

---

169 Zweig (1997): 81
170 Zweig (1997): 33
171 Zweig (1997): 35
172 Zweig (1997): 47
173 Zweig (1997): 50, 59
174 Zweig (1997): 59
175 Zweig (1997): 62
176 Zweig (1997): 62
177 Zweig (1997): 64
178 Zweig (1997): 70-71

immer und immer höheres Empor."[179] Jedes negativ erscheinende Ereignis in der Geschichte hat somit nur seinen positiven Zweck in der Entwicklung des Landes hin zu mehr Kultur, mehr Zivilisation, mehr Humanität, mehr nationaler, einheitlicher Gemeinschaft und schließlich hin zur Vorbildfunktion Brasiliens für die ganze Welt.

Die narrative Struktur die Stefan Zweigs Brasilienbuch zugrunde liegt, ist die einer Teleologie, einer Geschichte also, die auf ein Ziel ausgerichtet ist. [...] Hier aber geht es um die Bildung der Nation, um die „Nationwerdung", die vom fertigen Resultat her, aus der Retrospektive erzählt wird.[180]

3.3. Wirtschaft

Auch in wirtschaftlicher Hinsicht spricht Zweig Brasilien eine zukünftige Rolle in der Welt zu. Aufgrund seiner bisher unerschlossenen Siedlungsmöglichkeiten, seiner Bodenschätze und natürlichen Ressourcen sowie seiner landschaftlichen und klimatischen Vielfalt, Fruchtbarkeit und ´faszinierenden` Flora und Fauna[181], erscheint ihm das Land wiederum prädestiniert als ein Land der Zukunft.

Zweig stellt auch in diesem Kapitel die wilde, ungestüme Natur Brasiliens der europäischen Kulturlandschaft gegenüber. Fast scheint es, als ob er die ´gewaltige grüne Wildnis`, die ´fast unglaubhafte Kraft` Brasiliens, als beängstigend empfindet.[182]

[H]ier [begegnet] man [...] einer Natur, die man eher bändigen muss, nicht zu wild, nicht zu ungestüm sich zu entfalten. Hier muss man Wachstum nicht fördern, sondern bekämpfen, damit es mit seinem barbarisch wilden Wuchern nicht die menschlichen Pflanzungen überflute.[183]

Gleichzeitig gewährt, so Zweig, die brasilianische Natur dem Menschen wie in einem Schlaraffenland ihre Erzeugnisse, „[a]llein und ohne Pflege schießen hier die Bäume und Sträucher auf, die einem Großteil der Bevölkerung die Nahrung frei in die Hand reichen, die Banane, die Mango, der Mandioca, die Ananas."[184] Im ´Land der unbegrenzten Möglichkeiten`[185] erfordert die Bebauung der Erde nicht wie in Europa ´Mühe, Qual und Geschicklichkeit`[186], sondern „[...] nur die allergeringste manuelle Arbeit und

---

179 Zweig: Die moralische Entgiftung Europas, In: Zweig (1943): 239
180 Honold (1995): 66
181 Vgl.: Zweig (1997): 83
182 Antonio Dimas geht in seinem Artikel davon aus, Zweig, der an eine domestizierte Natur und einen geregelten gesellschaftlichen Umgang gewöhnt gewesen sei, habe sich an der Maßlosigkeit der brasilianischen Natur gestört, Vgl.: Dimas, Antonio: Ein Optimist gegen den Strom, In: Chiappini/Zilly (2000): 53
183 Zweig (1997): 85
184 Zweig (1997): 85
185 Zweig (1997): 117
186 Vgl.: Zweig (1997): 85

keinerlei Vorbildung."[187] Zweig bedient mit dieser Schilderung den Topos vom exotisch-tropischen Paradies, in dem alles zum Leben Notwendige geboten ist, ohne dass der Mensch große Arbeiten zu verrichten braucht. Allerdings führe seiner Meinung nach aber gerade diese ´Leichtigkeit` und ´Primitivität` des Herstellungsprozesses dazu, dass „[...] die altmodische, improvisierte, brasilianische Produktion [immer wieder] der überlegenen modernen Organisation"[188] unterliege.

Städte wie São Paulo sieht Zweig hingegen schon mit ´vorbildlicher Organisation` und ´moderner Kultur`[189] ausgestattet, die sich durch eine Adaption des westlichen Lebensstils und Arbeitstempos ausdrücke. Technische und wissenschaftliche Innovationen scheinen ihm Ausdruck eines kultivierten Lebensstils und ´Heilmittel` für die brasilianische Rückständigkeit zu sein.

> *Gegen die Umstände die seine Entwicklung verlangsamen, ist Brasilien als Helfer ein wirklicher Wundertäter zur Seite getreten, die moderne Wissenschaft, die moderne Technik, von der wir wissen, was sie leisten kann, und doch noch nicht zu ahnen vermögen, was sie noch leisten wird. Schon heute ist, wer nach einigen Jahren das Land wieder betritt, ununterbrochen überrascht, welche erstaunlichen Dinge sie im Sinne der Vereinheitlichung und Verselbständigung und Gesundung des Landes geleistet hat.*[190]

Der Fortschritt Brasiliens sei immer noch durch gewisse ´Hemmungen` erschwert, zu denen Zweig den Gesundheitszustand[191] und die zusätzlich durch die klimatischen Bedingungen herabgesetzte Leistungsfähigkeit der Bevölkerung gegenüber dem europäischen und nordamerikanischen Niveau zählt[192]. Wissenschaft, wissenschaftliche Hygiene und Technik erscheinen Zweig als Mittel, um alle Bürger in das ´aktive und produktive Leben` zu integrieren.[193]

---

187 Zweig (1997): 89
188 Zweig (1997): 123
189 Diese ´vorbildliche Organisation` und ´moderne Kultur` definiert Stefan Zweig über Häuser, die ´sich aneinanderreihen`, Wolkenkratzer, die ´in den Himmel klettern` und Automobile, die ´ständig im Wettlauf rennen`, Vgl.: Zweig (1997): 131
190 Zweig (1997): 134
191 Als Hauptfeind des ´zart gearteten Brasilianers` erscheint Zweig die Tuberkulose. Ruft man sich seine Beschreibungen der afrobrasilianischen Bevölkerungsanteile in Erinnerung, dann ist nicht ganz klar, inwieweit er zum Beispiel hier auch sie unter den Begriff Brasilianer subsumiert. Es scheint, als würde der von Zweig geschilderte und ihm so anziehend erscheinende brasilianische Volkstypus (sowohl in physischer als auch in psychischer Hinsicht) immer nur einen Teil der wirklichen Bevölkerung umfassen und andere, nie explizit genannte, Teile ausschließen. Offensichtlich sind es vor allem die Afrobrasilianer, die nicht in das Brasilien-Bild des Autors passen.
192 Vgl.: Zweig (1997): 129-130
193 Vgl.: Zweig (1997): 134, 135

Die Probleme des Landes, bemerkt Zweig, seien bekannt und würden „[...] von den Regierungsstellen weder verschwiegen noch unterschätzt [...]."[194] Solche Einschübe lassen in der wissenschaftlichen Literatur Vermutungen darüber aufkommen, das Buch könne nicht nur auf seinen eigenen Erfahrungen basieren, sondern einen bestimmten Zweck, hier die Unterstützung der Regierung Vargas, verfolgen. Dem Leser soll glauben gemacht werden, die brasilianische Staatsmacht veranlasse alles, um die Ungleichheit im Land zu beseitigen und den Prozess der nationalen Vereinheitlichung mit voranzutreiben.

Zweig ´verfängt` sich bei der Beschreibung der ökonomischen Situation Brasiliens immer wieder in zwei unterschiedlichen Argumentationssträngen: einerseits beklagt er die negativen Auswirkungen technischer Effizienz und Organisation in Europa, deren Auswirkungen er als Grund für den Ausbruch des Krieges benennt und kämpft „[...] gegen den Produktionsfetischismus, gegen die feudalistische Gesinnung, gegen kapitalistische Raffgier."[195] Andererseits stört ihn die fehlende Effizienz, Wirtschaftlichkeit und Organisation Brasiliens. Positiv ausgedrückt preist er die Modernität und vor allem die Produktivität ´zivilisierter` Nationen, Brasilien wiederum erscheint ihm in seiner Naturhaftigkeit und Rückständigkeit als paradiesischer Ort.
Die brasilianische Erde beschreibt Zweig als ´jungfräulichen Humus`, der mit ´Bereitwilligkeit` Antwort gibt auf die Experimente, die man mit ihr versucht.[196] Erst im Zuge seiner Emanzipation vom Mutterland gesteht der Autor dem Land gewisse männliche Züge zu: „Aber je kräftiger, männlicher, aufrechter Brasilien sich entfaltet, um so sichtlicher verrät das Mutterland die Sorge, sein allzu kräftig geratenes Kind könnte eines Tages seiner Obhut entlaufen. Immer wieder versucht [...] [Portugal], das schon selbständig handelnde, selbständig denkende, selbständig wirkende Wesen, als ob es noch unmündig wäre [...] in die Gehschule einzuschließen."[197] Solange Brasilien alleine dem ursprünglichen Naturbereich zugeordnet wird, es noch völlig ´ungeistig` und ´unnational`[198] ist, benutzt Zweig weiblich konnotierte Ausdrücke in seiner Beschreibung. Nach einem Akt geistiger Erziehung und Kultivierung durch Europa entwickelt Brasilien dann auffallend männliche Charaktereigenschaften.

Ähnlich den historischen Krisen und Umstellungen haben in den Augen Zweigs auch die ´ständigen Wandlungen` und ´brüsken Umstellungen` im brasilianischen Wirtschaftszyklus seine heutige Stellung im Weltgeschehen bewirkt.

---

194   Zweig (1997): 129
195   Holzner, In: Schwamborn (1999): 141
196   Vgl.: Zweig (1997): 85
197   Zweig (1997): 112
198   Zweig (1997): 112

Anfangs sei vor allem das Brasilholz Exportprodukt des Landes gewesen, gefolgt von Zucker, Tabak und Schokolade, die bis ins achtzehnte Jahrhundert hinein die drei Hauptpfeiler der brasilianischen Wirtschaft bildeten. Dazu sei die Baumwolle, ab Ende des 17. Jahrhunderts Goldfunde, das Gummi und zu guter Letzt der Kaffee gekommen, der Brasilien bis in die neunzehnzwanziger Jahre hinein eine Monopolstellung auf dem Weltmarkt sicherte. Jedes dieser Produkte hat in den Augen Zweigs seinen eigenen historischen Verdienst in der Formung des heutigen Brasiliens: durch den Zucker sei es „[…] genügend erstarkt, um ohne diese Stützung [der Zuckerexporte] seinen Weg weiter zu gehen."[199] Die Baumwolle stelle den Exportartikel dar, durch den der Rückgang der Zuckerpreise aufgefangen worden sei[200] und der Kaffee habe die Wirtschaft des Landes gerettet, nachdem das brasilianische Gummimonopol durch die Engländer aufgehoben worden sei. Vor allem aber hätten die großen Umwälzungen in der Wirtschaftsgeschichte des Landes zur Besiedelung und Fruchtbarmachung Brasiliens beigetragen:

> *[…] [M]an könnte im gewissen Sinne diese Zyklen ebenso wie nach den Produktionsobjekten nach den Städten und Landschaften benennen, die sie geschaffen haben. Die Ära des Holzes, des Zuckers, des Cotons [sic!] hat den Norden besiedelt. Sie hat Bahia geschaffen, Recife, Olinda, Pernambuco, Ceará. Minas Gerais ist besiedelt worden durch das Gold. Rio de Janeiro wird seine Größe der Umsiedelung des Königs mit seinem Hofe danken, São Paulo seinen phantastischen Aufstieg dem Imperium des Kaffees, Manaus und Belém ihre plötzliche Blüte dem rasch ablaufenden Zyklus des Gummis, und noch wissen wir die Lage der Städte kaum, die der nächste Umschwung, die Erzgewinnung, die Industrie zu plötzlichem Wachstum bringen wird.[201]*

Wichtigstes Ergebnis der Verschiebungen in der Herstellung und Gewinnung bestimmter Produkte erscheint Stefan Zweig die Migration ins Landesinnere und die damit verbundene „[…] Zivilisierung der Menschen durch die Kultivierung der Erde."[202] Wachstum und Entwicklung im Land gehen nach der Beschreibung Zweigs still, lautlos und zurückhaltend vor sich[203] und auf Dauer, so konstatiert er, „[…] wird der Stille und der Geduldige der Stärkste sein."[204] Diesmal ist es kein menschlicher Held, sondern Brasilien selbst, das Zweigs ideales, zurückhaltendes Menschenbild verkörpert, wozu auch die im Text immer wieder auftauchende Personifizierung des Landes passt. Der Prozess der ´Gleichgewichtsverteilung`, wie Zweig die Binnenmigration in Brasilien nennt, sei außerdem verantwortlich für das Fehlen einer allzu

---

199 Zweig (1997): 91
200 Vgl.: Zweig (1997): 93
201 Zweig (1997): 110
202 Zweig (1997): 97
203 Vgl.: Zweig (1997): 100
204 Zweig (1997): 102

stabilen sozialen Schichtung. Stattdessen habe die Konzentration auf der Herausarbeitung des Nationalen in der brasilianischen Gesellschaft gelegen.[205] Sollte Zweig damit Schichtung im Sinne einer ethnischen Separation, beziehungsweise durch Klassenzugehörigkeit gemeint haben, beschönigt er zu Gunsten seiner Idee ´nationaler Einheitlichkeit`[206] das schon damals gravierende Problem der ethnischen und sozialen Ungleichheit im Land.[207]
Was mit den wirtschaftlichen Entwicklungsprozessen an Negativem einhergeht, beispielsweise die Sklaverei, die Unterjochung der indigenen Bevölkerung, die Ausbeutung der seringueiros, der Arbeiter auf den Gummiplantagen in den brasilianischen Urwäldern, oder die wirtschaftlichen Krisen, ordnet Zweig der in die Zukunft ausgerichteten Gesamtentwicklung des Landes unter. Jede der zyklisch verlaufenden Krisen in der brasilianischen Wirtschaft sei der Gesamtentwicklung des Landes eher förderlich als schädlich gewesen.[208]
Das Ziel, auf das Zweigs gesamte Argumentation hinausläuft, sei es nun in historischer, wirtschaftlicher oder kultureller Hinsicht, ist die beispielhafte Bildung der in seinen Augen einheitlichen, brasilianischen Nation:

Wieder ist ein Zyklus zu Ende, nachdem er seine geheimnisvolle Pflicht erfüllt, einer bisher schlafenden Provinz einen Einschuss von Leben und Vitalität zu geben und sie in Handel und Verkehr mit der Gesamtheit der Nation enger zu binden.[209]

[D]ank dieser ständigen Transfusion und Transplantation hat sich dieses Wunder der brasilianischen Einheitlichkeit bis auf den heutigen Tag gerettet, wo durch die gesteigerten Verbindungsmöglichkeiten die bindenden Kräfte des Radios und der Zeitung eine nationale Zusammenfassung viel selbstverständlicher machen. [...] [D]ie zentralistisch geführte Regierungsform Brasiliens [bereitet] schon von Anfang an eine völlig einheitlich ökonomische und nationale Form vor, die, weil früh und organisch in die Seele des Volkes verankert, auch im wirtschaftlichen Sinne nicht mehr zu zerstören war.[210]

Den letzten großen Zyklus sieht Zweig durch die Abschaffung der Sklaverei in Gang gesetzt. Dieser Zyklus habe die Regierung zur systematischen Anlockung europäischer und asiatischer Immigranten nach Brasilien

---

205 Vgl.: Zweig (1997): 110
206 Diese manifestiere sich in einer Sprache, Denkweise und der Gleichberechtigung aller Brasilianer und habe zur Herausbildung eines einheitlichen Volkstypus geführt, Vgl.: Zweig (1997): 126, 109
207 Dazu passt auch seine Feststellung in der Einleitung des Buches, alle Gegensätze in Brasilien, selbst jene im Sozialen hätten weniger Schärfe und keine ´vergiftete Spitze`, Vgl.: Zweig (1997): 15-16
208 Vgl.: Zweig (1997): 124
209 Zweig (1997): 123
210 Zweig (1997): 110-111

gezwungen, da die ehemaligen Sklaven die Ländereien verlassen und in die Städte gezogen seien.

> *Diese Immigration von vier bis fünf Millionen Weißen in den letzten fünfzig Jahren hat einen ungeheuren Energieeinschuss für Brasilien bedeutet und gleichzeitig einen gewaltigen kulturellen und ethnologischen Gewinn gebracht. Die brasilianische Rasse, die durch einen dreihundertjährigen Negerimport in der Hautfarbe immer dunkler, immer afrikanischer zu werden drohte, hellt sich sichtbar wieder auf, und das europäische Element steigert im Gegensatz zu den primitiv herangewachsenen, analphabetischen Sklaven das allgemeine Zivilisationsniveau. Der Italiener, der Deutsche, der Slawe, der Japaner bringt aus seiner Heimat einerseits eine völlig ungebrochene Arbeitskraft und Arbeitswilligkeit, anderseits die Forderung eines höheren Lebensstandards mit. Er kann lesen und schreiben, er ist technisch geschult, er arbeitet in rascherem Rhythmus als die Generation, die durch Sklavenarbeit verwöhnt und vielfach durch das Klima in ihrem Leistungsvermögen geschwächt ist.*[211]

Statt der ´verwöhnten Sklaven` käme nun eine ´neue große und erträgnisreiche Produktion` durch das ´lebendige Gold` - die neuen Einwanderer - in Schwung. Dies sei „[...] der eigentliche Dank für die moralische Tat der Sklavenbefreiung."[212] Die drohende Afrikanisierung des Landes scheint dem Autor durch den Strom an Einwanderern abgewendet und das erarbeitete Zivilisationsniveau Brasiliens gerettet. Völlig außer Acht lässt er dabei den Umstand, dass unter den eingewanderten Europäern Ende des neunzehnten Jahrhunderts in der Regel arme und ungebildete Leute waren, die in ihrem eigenen Land in der Regel nichts mehr zu verlieren hatten und deshalb nach Brasilien kamen.

> *Der Zyklus der Immigration bedeutet für die Städte und das Gebiet von São Paulo, Porto Alegre und Santa Catarina, was einst der Zucker für Bahia, das Gold für Minas Gerais, der Kaffee für Santos gewesen: den entscheidenden Anschwung, der dann aus weiterwirkender Kraft Wohnstätten, Arbeitsmöglichkeiten, Industrien und Kulturwerte schafft.*[213]

Die Immigrationswelle sei genau zum richtigen Zeitpunkt verlaufen und habe keine Gefahr für die Einheitlichkeit des Brasilianischen dargestellt, sondern es „[...] nur noch stärker, vielfältiger und persönlicher gemacht."[214]
Des Weiteren seien die beiden Weltkriege als externe Krisen für eine neuerliche Umstellung und eine ´gewisse Autarkie`[215] der brasilianischen Wirtschaft verantwortlich gewesen, vor allem „[...] Hitlers Krieg [habe] die

---

211   Zweig (1997): 125
212   Zweig (1997): 126
213   Zweig (1997): 126
214   Zweig (1997): 127
215   Vgl.: Zweig (1997): 128

Industrie Brasiliens geschaffen [...].«²¹⁶ Sogar den militärischen Auseinandersetzungen in seinem eigenen Europa kann Zweig aus der Rückschau Positives abgewinnen.

Auch in diesem Kapitel verwendet der Autor ein an tierischem Verhalten orientiertes Vokabular zur Beschreibung der Urbrasilianer: er bezeichnet sie als ´nackte Kannibalen`, ´auf der untersten Stufe der Zivilisation`, die ´greifen, schlingen und grasen`.²¹⁷

> *[...] [D]ann erst müssen mühsam diese nackten und kindlichen Wesen gelehrt werden, wie zu pflügen, wie zu ernten, wie Ställe zu bauen [...]. Ehe sie sie noch recht belehren können, Christen zu werden, müssen die Jesuiten die Eingeborenen zuerst in der Arbeit unterweisen und, ehe mit den Grundbegriffen des Glaubens, sie mit dem Willen zur Arbeit durchdringen.*²¹⁸

Aus einer hierarchischen Perspektive verurteilt Zweig die Lebensweise der nomadisch lebenden, indigenen Bevölkerung und setzt die Einführung europäischer Kulturmodelle als selbstverständlich voraus. Und dazu gehört es, in ihnen einen Arbeitswillen zu wecken, der Leistung und Nutzen nach sich zieht – zum Aufbau eines ´neuen tätigen Geschlechts`, einer ´gesunden Nationalökonomie`,²¹⁹ auch wenn mit Nationalökonomie erst einmal eine koloniale Ökonomie gemeint ist.

Oft ist nicht ganz auszumachen, ob Stefan Zweig versucht, aus dem Denken der Zeit heraus zu argumentieren, oder ob die Vorstellung von rassisch minderwertigen Menschen und ähnlichen zweifelhaften Formulierungen seiner eigenen Meinung entspricht.

Die Versklavung der Urbevölkerung und die Einfuhr afrikanischer Sklaven erscheinen ihm aus der Sicht der Kolonisten und unter wirtschaftlichen Gesichtspunkten ´selbstverständlich`.²²⁰ Seine Ausführungen über Preis und Nutzen eines ´Senegal- oder Guineanegers` degradieren den Menschen zum rein wirtschaftlichen Objekt und unterstreichen dessen Warencharakter:

> *Aber bei dem Erstehungspreis eines starkknochigen Senegal- oder Guineanegers müssen die Frachtkosten, der Abschlag für die auf der Fahrt lädierte und ins Meer geworfene Ware, der ungeheure Zwischengewinn der Sklavenjäger, der Sklavenhändler und Kapitäne eingerechnet werden und überdies noch der Einfuhrzoll [...], den der allerchristlichste²²¹ König von Portugal bei diesem dunklen Geschäft für jeden einzelnen Sklaven sofort bei der Alfandega, dem Zollamt einfordert und kassiert. Trotz dieses hohen Preises bleibt doch für die Fazendabesitzer die Anschaffung von Negern ebenso unentbehrlich als die von*

---

216 Zweig (1997): 129
217 Vgl.: Zweig (1997): 86-87
218 Zweig (1997): 97
219 Vgl.: Zweig (1997): 97
220 Vgl.: Zweig (1997): 93
221 Hier mag vielleicht ein Fall von Ironie vorliegen, um die Diskrepanz zwischen christlichem Ideal und realem Handeln hervorzuheben.

> *Hacke und Pflug. Ein kräftiger Neger arbeitet, wenn er ab und zu gründlich gepeitscht, zwölf Stunden, ohne dafür eine Entlohnung zu bekommen; außerdem stellt die Investition nicht bloß eine einmalige Kapitalanlage dar, sondern auch eine zinsbringende, denn der Negersklave vermehrt selbst in den wenigen Mußestunden noch den Besitz des Herrn durch die Kinder, die er zeugt [...].*[222]

Implizit finden sich in dieser Beschreibung auch eine ganze Reihe stereotyper Vorstellungen vom stark gebauten, kräftigen und faulen ´Neger`. Zweig verweist auf das durch die Sklavenimporte anwachsende Problem des fehlenden Ausgleichs zwischen einer großen Masse an farbigen Sklaven und einer kleinen Führungsschicht von Weißen. Dabei geht es ihm nicht um die Ungleichheit im sozialen Sinn, also zwischen Herren und Sklaven, sondern eher um die Befürchtung, Brasilien könne ein afrikanisches Land werden.[223] Diese Feststellung geht unterschwellig einher mit der Annahme, Brasilien würde in diesem Fall auch kein zivilisiertes, produktives und damit nutzbringendes Land für Europa werden.

Allgemein benutzt Zweig in Bezug auf Menschen und menschliche Vorgänge immer wieder Ausdrücke, die aus dem naturwissenschaftlich-medizinischen Bereich stammen: so gärt die menschliche Masse Brasiliens in der Retorte[224] und eine ständige ´Transfusion` und ´Transplantation` sind für den Prozess der Brasilianisierung verantwortlich. Worte wie der ´Einschuss` von menschlichem ´Material`[225] oder auch ´Rohstoff`[226] lassen die Entstehung der brasilianischen Nation als einen von außen gesteuerten Akt erscheinen, in dem die Brasilianer eine formbare Humanmasse ohne das Recht auf Selbstbestimmung darstellen.[227] Das Ergebnis der Formung erscheint Zweig als ´großartige Kolonisationsleistung`[228], als Resultat eines klar durchdachten, vorstrukturierten und anschließend durchgeführten Plans.

Brasilien wird von Zweig in ökonomischer Hinsicht vor allem bezüglich seiner Nutzbarkeit für Europa beurteilt, also aus einem klaren Selbstzweck heraus.

> *[D]ies ungeheure Land bedeutet für unsere überdrängte, vielfach schon übermüdete, ausgeschöpfte Erde dank einer Unverbrauchtheit und Weiträumigkeit heute eine der größten Hoffnungen und vielleicht sogar die berechtigtste Hoffnung unserer Welt.*[229]

---

222 Zweig (1997): 94-95
223 Vgl.: Zweig (1997): 53
224 Zweig (1997): 138
225 Vgl.: Zweig (1997): 126
226 Vgl.: Zweig (1997): 94
227 Diese Steuerung von außen, die Verantwortlichkeit für eine ´ausgewogene` Vermischung der unterschiedlichen Ethnien im Land, gesteht Zweig im Anfangsstadium der nationalen Formung den Jesuiten zu.
228 Vgl.: Zweig (1997): 129
229 Zweig (1997): 84

Indem Zweig von Brasilien als Hoffung für die Welt spricht, proklamiert er in gewisser Weise einen Besitzanspruch am Land und vertritt die Vorstellung, es handle sich um ein Gemeingut aller, vor allem aber der Europäer. Zweig bewegt sich ganz in der Tradition kolonialer Denkweisen, nach der es nicht um den Eigenwert eines Landes, sondern nur um seinen Nutzen für die eigene Nation geht.

Um fruchtbar zu werden für die europäische Wirtschaft, muss das Land zuerst von Europa befruchtet werden. [...]. Von der ersten Lebensstunde an ergibt sich für Brasilien der Mensch, der Kolonist, der Siedler in der Form des belebenden, befruchtenden Elements als die notwendigste aller Notwendigkeiten. Was Brasilien hervorbringen soll, muss ihm von Europa gebracht und gelehrt werden. [230]

Wie schon die Einführung von Zivilisation und Christentum, so ist auch die Kultivierung Brasiliens im agrarisch-wirtschaftlichen Sinn kein uneigennütziges Unterfangen, sondern ein ökonomisch orientierter Austausch im Sinne der Dienlichkeit für Europa.[231] Die europäischen Investitionen tituliert Zweig als ´Leihgut`, am Ende des Kultivierungsprozesses steht ein Ertrag für Europa.[232]

Aber alles, was ihm dieses [Europa] *leihen wird an Pflanzen und Menschenkräften, gibt die neue Erde dann mit tausendfacher Verzinsung an den alten Erdteil zurück.*[233]

Es geht Zweig in diesem Kapitel im Großen und Ganzen darum, die Leistungsfähigkeit Brasiliens zu bewerten. Weder der Mensch noch die Erde, beide als produktive Kräfte bewertet, erscheinen ihm ´im entferntesten ausgenützt`.[234] Diese Tatsache bedeute „[...] eine unermessliche Reserve nicht nur für das Land, sondern für die ganze Menschheit."[235] Die Frage, ob Brasilien diese Rolle im globalen Weltgefüge überhaupt einzunehmen gewillt ist, stellt sich Zweig nicht.

Gleichwohl ist er auf der Suche nach einem ´Heilmittel` für die brasilianischen Probleme und damit gleichzeitig für die alte Welt. Ein noch größerer Zustrom an Menschen und Kapital, „[...] eine große, gründliche, mit aller Vorsicht und

---

230   Zweig (1997): 88
231   Ein besonders gutes Beispiel ist Zweigs Wertung in Bezug auf die Entdeckung des Gummis: „Dreihundert Millionen solcher Bäume wachsen dort seit Hunderten und Hunderten von Jahren, ohne dass je ihre besondere Form und ihr kostbarere Saft den Europäern bekannt geworden wäre." Es geht ihm um den Nutzen des Gummis für die europäische und nicht für die brasilianische Wirtschaft, Zweig (1997): 119-120
232   Eine explizite Bilanzierung von Investition vs. Produktion Brasiliens zu Gunsten Europas stellt Zweig auf Seite 111 auf, Vgl.: Zweig (1997): 111
233   Zweig (1997): 88
234   Vgl.: Zweig (1997): 131
235   Zweig (1997): 134

Geduld durchgeführte Transfusion von Blut und Kapital"[236], erscheint ihm eine sinnvolle Lösung.
Dennoch befinde sich das Land schon jetzt in einem ungeheuren Wachstumsprozess, in dem die ´Organisation` sich verbessere und die ´potentiellen Kräfte` dabei seien, sich in faktische umzuwandeln.[237]

> *Demütig hatte es, mit einer Art verspäteten Kolonialbewusstsein zu der Welt über dem Ozean als der erfahreneren, der weiseren, der besseren aufgeblickt. Aber die Verblendung Europas, das in törichtem Nationalismus und Imperialismus sich nun zum zweiten Mal selbst verwüstet, hat hier die neue Generation auf sich selbst gestellt.*[238]

Nun habe das Land gelernt, in den Dimensionen seiner eigenen Größe, den Dimensionen der Zukunft zu denken, „[…] und mit seinen unbeschränkten Möglichkeiten als mit einer bald greifbaren und erfassbaren Realität zu rechnen."[239]

Größtes Potential erscheint Zweig hier der ´Raum`, über den das Land verfügt:

> *Es [Brasilien] hat erkannt, dass Raum Kraft ist und Kräfte erzeugt, dass nicht Gold und nicht erspartes Kapital den Reichtum eines Landes bedeutet, sondern die Erde und die Arbeit, die auf ihr geleistet wird. Wer aber besitzt noch mehr ungenutzte, unbewohnte, unausgewertete Erde als dieses Reich, das in sich allein soviel Raum hat wie die ganze alte Welt? Und Raum ist nicht nur bloße Materie. Raum ist auch seelische Kraft. Er erweitert den Blick und erweitert die Seele, er gibt dem Menschen, der ihn bewohnt und den er umhüllt, Mut und Vertrauen, sich vorwärts zu wagen; wo Raum ist, da ist nicht nur Zeit, sondern auch Zukunft. Und wer in diesem Land lebt, spürt ihre Schwingen stark und beflügelnd über sich rauschen.*[240]

So positiv diese Ausführungen auch klingen mögen, es schwingt doch auch eine gewisse Konkurrenzangst gegenüber der Potenz des brasilianischen Giganten mit. Denn würde Brasilien die von Zweig angekündigten Möglichkeiten voll ausschöpfen, würde es einen gewaltigen Machtfaktor und damit sicherlich auch eine Bedrohung für Europa darstellen. Zu Zweigs Stolz auf den ´europäischen Ableger` Brasilien, seine zunehmende Selbständigkeit, sein Zukunftspotential für eine humane Welt mischt sich die Sorge vor einer vollständigen Ablösung des Landes von seinen europäischen Wurzeln.

---

236   Zweig (1997): 134
237   Vgl.: Zweig (1997): 135
238   Zweig (1997): 136
239   Zweig (1997): 136
240   Zweig (1997): 136-137

3.4. Kultur

Das Kapitel zur Kultur in Zweigs Brasilien-Buch beinhaltet neben Kulturgütern im Sinne von Literatur, Musik und Bildender Kunst vor allem Erörterungen über den Volkscharakter und die Lebenshaltung der Brasilianer. In einem ersten Abschnitt setzt sich der Autor noch einmal genauer mit der Thematik der Vermischung unterschiedlichster Ethnien und der Formung der brasilianischen Nation auseinander. Den Prozess des 'Brasilianer Werdens' beschreibt Zweig einerseits als einen „[...] Assimilationsprozess an das Klima, an die Natur, an die geistigen und räumlichen Bedingtheiten des Landes", andererseits als ein 'Transfusionsproblem'.[241] Die brasilianische Bevölkerung an sich präsentiert sich ihm als 'vielfältiges Mischprodukt':

Der europäische Erstling in diesem Lande, der Portugiese des sechzehnten Jahrhunderts, ist alles weniger als einrassig oder reinrassig; er stellt ein Gemenge dar aus iberischen, aus römischen, gotischen, phönizischen, jüdischen und maurischen Vorfahren. Die Urbevölkerung wieder zerfällt in ganz artfremde Rassen, die Tupis und die Tapuyas. Und erst die Neger; aus wie vielen Zonen des unübersehbaren Afrikas waren sie zusammengetrieben! All das hat sich ständig gemischt, gekreuzt und außerdem noch erfrischt durch den ständigen Zustrom neuen Bluts durch die Jahrhunderte. Aus allen Ländern Europas und schließlich noch mit den Japanern aus Asien hier herübergekommen, vervielfältigen und variieren sich diese Blutgruppen in unübersehbaren Kreuzungen und Überkreuzungen ununterbrochen im brasilianischen Raum. Alle Schattierungen, alle psychologischen und charakterologischen Nuancen sind hier zu finden;[242]

Trotz aller Verschiedenheit vermeint Zweig aber gewisse Grundfaktoren zu erkennen, die den brasilianischen 'Volkstypus' prägen: er nennt neben der Gebundenheit an den gleichen Raum und die gleichen klimatischen Bedingungen[243] die Religion und die Sprache. Obwohl aus seiner Sicht die Ursprungselemente der brasilianischen Kultur immer mehr verblassen, betont Zweig, dass sie „[...] doch zur Gänze aus Europa importiert[e] [...]"[244] seien.

Sowohl die Religion, die Sitte als die äußere und innere Grundform des Lebensstils dieser Millionen und Millionen verdankt wenig oder eigentlich nichts der heimischen Erde.[245]

Portugal hat Brasilien die drei Dinge gegeben, die für die Formung eines Volkes entscheidend sind, die Sprache, die Religion, die Sitte, und damit die Formen, innerhalb derer sich das neue Land, die neue Nation entwickeln konnte.[246]

---

241 Zweig (1997): 138
242 Zweig (1997): 138-139
243 Interessanterweise ist es einige Seiten vorher nur die gemeinsame Sprache, die trotz klimatischer und beruflicher Verschiedenheiten die nationale Einheit gewährleistet, Vgl.: Zweig (1997): 109
244 Zweig (1997): 140
245 Zweig (1997): 140
246 Zweig (1997): 142

> *Dass diese Urformen sich unter anderer Sonne und in anderen Dimensionen und bei immer stärker einströmendem fremden Blut zu einem anderen Inhalt entwickeln, war ein unvermeidlicher, weil organischer Prozess, den keine königliche Autorität und keine bewaffnete Organisation aufhalten konnte.*[247]

Über den kulturellen Anteil der indigenen Bevölkerung am Brasilianischen schreibt Zweig, dass „[…] auch die pietätvoll-ehrgeizigste Mühe […] bisher einen wesentlichen Beitrag der nackten und kannibalischen Ureinwohner zu Kultur nicht finden oder erfinden könne[n]."[248] Es gäbe weder eine prähistorische Dichtung, altbrasilianische Musik, Volkslegenden oder eine eigene Religion, und „[…] nicht einmall die bescheidensten Ansätze zu einem Kunsthandwerk."[249]

Den Versuch, Tänze wie Samba oder Macumba als national-brasilianisch zu deklarieren, nennt Zweig eine ´Verschattung und Verschiebung` der wirklichen Situation, da diese von den ´Negern` nach Brasilien mitgebracht worden seien.[250] Paradoxerweise stellt der Import europäischer Kulturgüter hingegen keine ´Verschiebung`, sondern vielmehr eine Bereicherung der brasilianischen Geschichtslosigkeit, eine absolute Notwendigkeit für das bis dahin kulturelle ´Nichts` des Landes dar. Zweigs Urteil liegt eine klare Einteilung von Kulturen in minder- und hochwertig zu Grunde.

Die portugiesische ´Kindschaft` Brasiliens, seine Verhaftung im Europäischen, erscheint dem Autor noch immer fühlbar, auch wenn das ´typisch Brasilianische` schon dabei sei, sich herauszubilden.[251] Die wohl bedeutendste Auseinanderentwicklung beider Nationen stellt Zweig hinsichtlich ihrer ´Denkrichtungen` fest: Portugal träume von seiner glorreichen Vergangenheit, während sich der brasilianische Blick in die Zukunft richte.

Zweig erscheint der Brasilianer psychisch ´zarter geartet` als der Europäer und der Nordamerikaner.

> *[I]m Seelischen [fehlt]* – *und man empfindet es als Wohltat* – *jede Brutalität, Heftigkeit, Vehemenz, und Lautheit, alles Grobe, Auftrumpfenden und Anmaßende. Der Brasilianer ist ein stiller Mensch, träumerisch gesinnt und sentimental, manchmal sogar mit einem leisen Anflug von Melancholie […]. Selten hört man jemanden laut sprechen oder gar zornig einen anderen anschreien, und gerade wo sich Massen sammeln, spürt man am deutlichsten diese für uns auffällige Sondierung. […] Auch wenn sie sich in Massen vergnügen, bleiben die Menschen*

---

247 Zweig (1997): 142
248 Zweig (1997): 140
249 Zweig (1997): 140
250 Vgl.: Zweig (1997): 141
251 Vgl.: Zweig (1997): 141-142

still und diskret, und diese Abwesenheit alles Robusten und Brutalen gibt ihrer leisen Freude einen rührenden Reiz.[252]

Wie Zweigs Helden der brasilianischen Geschichte und Brasilien selbst im Wirtschaftsteil, so ist es nun der Menschentypus des Brasilianers an sich, dem der Autor bestimmte Charaktereigenschaften wie still, träumerisch, diskret und leise, außerdem zurückhaltend und unauffällig zuordnet. Der Zweigsche Brasilianer ist höflich, herzlich, vertrauensvoll und von einer natürlichen ´Weichheit und Gutartigkeit`.

> *"Nie hat man hier von Grausamkeiten gegen Tiere gehört, nie von Stierkämpfen oder Hahnenturnieren, nie hat selbst in den dunkelsten Tagen die Inquisition ihre Autodafés der Menge dargeboten; alles Brutale stößt den Brasilianer instinktiv ab, und es ist statistisch festgestellt, dass Mord und Totschlag fast niemals als geplante und vorausbedachte Tat geschehen, sondern immer spontan als crimen passional, als ein plötzlicher Ausbruch von Eifersucht oder Gekränktheit."*[253]

Verbrechen geschähen fast niemals aus Raub- oder Raffgier und wenn doch einmal, dann „[...] waren [es] durchaus sanfte Menschen mit stillen, weichen Augen, die irgendeinmal in einer überhitzen Minute, etwas begangen haben mussten, von dem sie selber nicht wussten."[254] Seinen Beobachtungen versucht Zweig durch den Verweis auf seinen Besuch in der Strafanstalt São Paulos Geltung zu verleihen, wo er sich mit eigenen Augen vom Fehlen eines bestimmten Verbrechertypus überzeugen konnte.[255]

Auch der Karneval erscheint ihm als ein ´demokratisches Fest der kollektiven Freude`, bei dem jeder soziale Unterschied aufgehoben scheint und Fremde ´Arm in Arm` mit Fremden wandern.[256]

> *Aber das Merkwürdigste, das typische Brasilianische ist, dass selbst in dieser Ekstase die Leute selbst des niederen Volkes nicht ihre innere Humanität verlieren und zum Pöbel werden; trotz Maskenfreiheit geschieht nichts Brutales, nichts Unanständiges inmitten einer kindlich tobenden und Tag und Nacht durcheinander quirlenden Menge; einmal sich Ausschreien, Austanzen, das Leise, das Zurückhaltende orgiastisch loswerden zu dürfen, erlöst sich im Taumel dieser drei Tage – es ist wie eines dieser Tropengewitter des Sommers."*[257]

In seinem übertrieben positiven Bild von Brasilien und den Brasilianern, das er als Kontrastprogramm zum ´arg verwilderten`, brutalen und vehementen Europa beziehungsweise Europäer zeichnet, geht Zweig so weit, dass er den Brasilianern jede Eigenständigkeit und Verantwortlichkeit abspricht. Ganz im

---

252 Zweig (1997): 143-144
253 Zweig (1997): 145
254 Zweig (1997): 145
255 Vgl.: Zweig (1997): 145
256 Vgl.: Zweig (1997): 218
257 Zweig (1997): 218

Sinne des ´edlen Wilden` sind sie gutmütig und arglos, tragen einen ´kindlichherzlichen` Zug und wenn sie etwas Unmoralisches tun, dann geschieht dies ganz ohne das Zutun ihres eigenen Verstandes. Auffällt, dass die Beschreibungskategorien des brasilianischen Menschen erstens alle in einen weiblich konnotierten Bereich gehören. Zweitens vermitteln sie dem Leser den Eindruck von mangelnder Durchsetzungsfähigkeit und Selbstbestimmung des Brasilianers. In diesem Zusammenhang können sie als Rechtfertigung für die ´Anleitung` und ´Erziehung` des brasilianischen Menschen von außen, von Europa, verstanden werden.
Zweig sieht den brasilianischen Menschen aus der Perspektive eines autoritären Erzählers, indem er ihm einen Objektstatus zuschreibt, ihn selbst nicht zu Wort kommen lässt.[258] Die Beschreibungen Zweigs verallgemeinern und lassen innerhalb des brasilianischen Volkes keine individuellen Abstufungen zu. Charaktereigenschaften gelten jeweils nur für die Gesamtheit, alles wird einem einzigen Deutungsmodell des Fremden untergeordnet. Diese Verallgemeinerungen erfüllen gleichzeitig den Zweck, einen ´Volkstypus` gegen einen anderen abzugrenzen, klare Gegensätze herzustellen und dadurch Gegenbilder – im positivem wie im negativen Sinn - zu erzeugen.[259] Widersprüche zu seiner These vom konzilianten Brasilianer lässt Zweig zumindest an der Oberfläche des Textes nicht aufkommen. Dennoch stellt er offensichtlich zwischen Brasilianer und Brasilianer Unterschiede fest, indem er zu Beginn des Kapitels noch von den vielen ´psychologischen und charakterologischen Nuancen` spricht und durch seine Charakterisierungen den Afrobrasilianer aus seiner Typisierung ausschließt. Offenbar handelt es sich bei seinem Verständnis des Brasilianers um den europäisch geprägten Einwanderer beziehungsweise Nachkömmling von Europäern oder Mestizen, der trotz der ´Vermischung` noch etwas von den europäischen Wurzeln in sich trägt. Ausgenommen hingegen scheint schon aus seinem Nationenbegriff die ´dunkle, unabsehbare Masse` der Unterschicht sowie natürlich die indigene Bevölkerung.[260] Der Brasilianer im Zweigschen Sinn macht nur einen kleinen Teil der Bevölkerung aus, aus dem in seinem Idealbild eine ganze kulturliebende Nation wird. Er benennt diese Tatsache

---

258 Neben seinen eigenen Urteilen über den brasilianischen Volkscharakter lässt Zweig die anderer Personen einfließen. Dazu gehören auch Thesen des Rassentheoretikers Arthur de Gobineaus, an dessen „Essai sur l´inégalité des races humaines" (1853) sich später die Nationalsozialisten orientierten.

259 Verallgemeinerungen und Abgrenzungen diese Art zwischen unterschiedlichen Nationen nimmt Zweig vor, indem er beispielsweise voraussetzt, dass der Portugiese an sich Freude an den sprachlichen Formen habe oder der Engländer, Spanier und Italiener auf eine Verletzung des Ehrgefühls heftig reagiert, Vgl.: Zweig (1997): 147

260 „[…] [V]on seiner Bevölkerung nehmen heute noch kaum mehr als sieben bis acht Millionen an modernen Lebensbedingungen [und damit auch an der kulturellen Entwicklung] produktiv teil.", Zweig (1997): 169

nicht explizit, erreicht aber durch ein implizites Ausschlussverfahren eine entsprechend rezeptionssteuernde Wirkung auf den Leser.

Woher Zweig seine Informationen über den Brasilianer bezieht ist unklar, da er während seiner Aufenthalte nur wenig Kontakt zu Einheimischen hatte.[261] Seine Beschreibungen können als ein Diskurs innerhalb anderer theoretischer und literarischer Diskurse verstanden werden, wonach sich der Autor neben seiner Suche nach bestimmten Charaktermerkmalen, die seinem Menschenideal entsprechen, auch an vorher getätigten Aussagen über den brasilianischen ´Volkstypus` orientiert.[262]
Im Zuge seiner Ausführungen über die ausschließlich positiven Charaktereigenschaften des Brasilianers stellt er auch das Fehlen von Misstrauen, eine gewisse ´Arglosigkeit` gegenüber dem Fremden, dem ´Andersrassigen oder –klassigen` fest.

Manchmal, wenn ich in den favelas[263], diesen prachtvoll pittoresken Negerhütten, die auf den Felsen mitten in der Stadt wie schwanke Vogelhäuschen liegen, neugierig herumkletterte, hatte ich ein schlechtes Gewissen und ein schlimmes Vorgefühl. Denn schließlich war ich gekommen, mir als Neugieriger eine unterste der Lebenshaltung anzusehen und in diesen jedem Blick wehrlos offen stehenden Lehm- und Bambushütten Menschen im primitivsten Urzustand zu beobachten [...]; im Anfang war ich eigentlich ständig gewärtig [...] einen bösen Blick ins Auge oder ein Schimpfwort in den Rücken zu bekommen. Aber im Gegenteil, diesen Arglosen ist ein Fremder, der sich in diesen verlorenen Winkel bemüht, ein willkommener Gast und beinah ein Freund; mit blinkenden Zahnreihen lacht der Neger, der einem wassertragend begegnet, einem zu und hilft einem noch die glitschige Lehmstufen empor."[264]

Die ´Negerhütten` erscheinen Zweig nicht nur pittoresk sondern auch romantisch[265], „[...] es sind dieselben Hütten, wie sie vor hundert Jahren ihr Urahn im afrikanischen Kral gebaut"[266] habe, man vermeine, sich in einem ´polynesischen Urwalddorf`[267] zu befinden. Dazu Jatahy Pesavento: „Zweigs Stil nähert sich einem Sambatext, der den Favelahügel verherrlicht und die Schönheit von Hütte und Armut zelebriert."[268]
Die harmonische Einheitlichkeit Brasiliens hebt sich hier auf. Sehr deutlich zeigt sich schon an dem Wort ´Negerhütte` wer in den favelas, in den

---

261 Vgl.: Kapitel 4.5.
262 In seinem Buch „O caráter nacional brasileiro. História de uma Ideologia" (1969), beurteilt der Autor Dante Moreira Leite stereotype Charakteristika des Brasilianischen kritisch, beispielsweise den Topos vom ´herzlichen Brasilianer`.
263 Im Original kursiv geschrieben
264 Zweig (1997): 146
265 Vgl.: Zweig (1997): 194
266 Zweig (1997): 204
267 Vgl.: Zweig (1997). 204
268 Jatahy Pesavento, In: Chiappini/Zilly (2000): 64

brasilianischen Armenvierteln, lebt. Die Diskrepanz zwischen armen Afrobrasilianern und reichen Einwanderern kommt auch an anderen Stellen zum Ausdruck: „[...] [D]er schwarze Senegalneger im zerrissenen Rock und der Europäer in seinem schnittigen Anzug [...]"²⁶⁹ fallen ihm ins Auge. Separation im an sich ´einheitlichen Brasilien` zeigt sich offensichtlich auch an der Einkommensverteilung. Das Lebensniveau der „[...] fast durchweg farbigen Masse [...] [bewegt sich] an der untersten Grenze [...]."²⁷⁰ Ganze Landstriche seien von ´geradezu endemischer Armut` gezeichnet, „[...] die Bevölkerung durch Unterernährung geschwächt und zu einer normalen Leistung nicht fähig [...]."²⁷¹ Dies sind Probleme, denen sich der Autor zwar nicht verschließt, die er aber auch keiner kritischen Betrachtung unterzieht. Er zeigt sich vielmehr an anderen Stellen fasziniert von der Leichtigkeit der einfachen brasilianischen Lebensverhältnisse und zeichnet ein glückliches Bild paradiesisch-tropischer Bedürfnislosigkeit: „An Kleidung erfordert das Klima nicht mehr als eine Leinenhose, ein Hemd und einen Rock. Die Banane, der Mandioca, die Ananas, die Kokosnuss geben sich von Baum und Strauch umsonst, ein paar Hühner finden sich leicht dazu und allenfalls noch ein Schwein."²⁷²

Wie schon im Wirtschaftsteil des Buches schreibt Zweig, Brasilien habe seinen ´potentiellen Wert`, seine ´aktiven Möglichkeiten`, noch nicht hundertprozentig erreicht. Im Angesicht des „[...] übersteigerte[n], überhitzte[n] Dynamismus, der eine Nation gegen die andere zum Wettkampf und schließlich zum Kriege treibt [...]"²⁷³ zögert Zweig aber, „[...] ein allfälliges Manko an Ungeduld und Impetus, ein Es-nicht-allzu-eilig Haben mit dem Vorwärtskommen, einen Fehler zu nennen."²⁷⁴
Die Erklärung für den fehlenden Impetus und die ´Minderspannung` des Brasilianers liefert in seinen Ausführungen das einfache paradiesische Leben: „[W]ie immer in den Ländern, wo die Welt schön ist, die Natur alles bietet, was man zum Leben braucht, die Früchte rings um das Haus einem gleichsam in die Hand wachsen und man für keinen schlimmen Winter vorzusorgen hat, stellt sich eine gewissen Gleichgültigkeit gegen Gewinn und Sparsinn ein."²⁷⁵ Der „[...] reichen, von Früchten überquellenden und durch Schönheit beglückenden Natur [...]"²⁷⁶ stellt Zweig ein ´graues und ödes Flachland` und die ´Freudlosigkeit des Daseins` in Europa gegenüber, die dem Menschen Arbeit als Rettung erscheinen ließe. Durch das Prinzip der Kontrastierung

---

269   Zweig (1997): 201
270   Zweig (1997): 154
271   Zweig (1997): 155
272   Zweig (1997): 155
273   Zweig (1997): 153
274   Zweig (1997): 153
275   Zweig (1997): 150
276   Zweig (1997): 151

versucht Zweig erneut die Verstärkung des positiven Brasilienbildes zu erreichen.

Durch den brasilianischen Mangel an ´Impetus` und den ´hemmenden Einfluss` des Klimas erscheint Zweig die ´kollektive Arbeitsleistung` im Vergleich zu Nordamerika und Europa vermindert.

Aber man kann diese Minderleistung keineswegs Trägheit nennen. An sich ist der Brasilianer ein ausgezeichneter Arbeiter. Er ist anstellig, schafft und begreift rasch. Man kann ihn zu allem heranbilden, und die aus Deutschland herübergekommenen Emigranten, die neue und oft komplizierte Industrien ins Land übertragen, rühmen einstimmig, mit welcher Wendigkeit und welchem Interesse sich die einfachsten Arbeiter auf einfachste Formen der Produktion umzustellen wissen. [...] In São Paulo, in einem günstigeren Klima und eingepasst in eine europäische Organisation, leistet er [der Brasilianer] genau dasselbe, wie irgendein anderer Arbeiter in der Welt [...]. Es ist also keineswegs die Fähigkeit, die Willigkeit und das Tempo des einzelnen, das zurückbleibt, es fehlt nur im ganzen jene europäische und nordamerikanische Ungeduld, mittels verdoppelten Einsatzes an Arbeit im Leben doppelt rasch vorwärts zu kommen – oder >hochzukommen<, wie man im deutschen Jargon sagt – es ist also eher eine seelische Minderspannung, welche die Gesamtheitsdynamik vermindert.[277]

Durch die Verteidigung brasilianischer Arbeitskraft und ´Anstelligkeit` erreicht Zweig implizit genau das Gegenteil. Erst durch die überaus positive Beschreibung kommt man als Leser überhaupt auf die Idee, dass es vielleicht anders sein könnte und der brasilianische Arbeiter nicht mit der gleichen Energie arbeitet wie der europäische. Die Abgrenzung gegenüber dem Europäischen erfolgt hier durch eine wohlwollend-paternalistische Beinah-Angleichung an das europäische Vorbild.[278] Die Schilderungen können auf den ersten Block noch so positiv wirken, einer Einschränkung unterliegen sie doch: so zeigen die Frauen im Kunsthandwerk viel Geschick, aber nicht sehr viel, die Studenten bringen in den Wissenschaften zwar regestes Interesse mit, ob dieses allerdings auch zu einem fruchtbaren Ergebnis führt, erfährt der Leser nicht. Ebenso erscheint es Zweig ´im höchsten Maße ungerecht`, den brasilianischen Arbeiter minderwertig zu nennen, denn das ist er nicht, er arbeitet nur einfach nicht wie ein Europäer.[279] Die Hierarchisierung beider Kulturen ist erneut klar vorgegeben, in eine superiore, deren Akteure ´neue und komplizierte Technik` ins Land bringen, und eine inferiore, deren Vertreter sich heranbilden lassen, beziehungsweise heranbilden lassen müssen.

---

277 Zweig (1997): 149-150
278 Einschränkend wirkt zum Beispiel: das ´an sich` in „[a]n sich ist der Brasilianer ein ausgezeichneter Arbeiter", oder „[...] eingepasst in eine europäische Organisation, leistet er genau dasselbe, wie irgendein andere Arbeiter der Welt", Zweig (1997): 149
279 Vgl.: Zweig (1997): 149

Zweig unterteilt die brasilianische Gesellschaft in drei Schichten. Die unterste, fast ´durchweg farbige`, setzt sich aus ´Abkömmlingen der Indios und Sklaven` zusammen.

Dieser große Teil der brasilianischen Bevölkerung, der in den zivilisatorischen Prozess noch nicht eingegliedert ist, stellt in den Augen Zweigs neben der Natur und dem Raum eine Zukunftsreserve des Landes dar, auch wenn diese ´dunkle, unabsehbare Masse`[280] „[...] großenteils analphabetisch und in ihrem Lebensstandart nahe dem absoluten Tiefpunkt – bisher wenig oder eigentlich gar nichts zur Kultur beitragen konnten [...]."[281] Diese Schicht sieht er allgemein durch eine „[...] erstaunliche Genügsamkeit der Existenzform charakterisiert [...]"[282].

Anteil an der kulturellen Prägung Brasiliens gesteht Zweig hingegen der ´kleinbürgerlichen, ländlichen Mittelklasse` zu: „In dieser durchaus rationalen Schicht prägt sich am deutlichsten die bestimmte und bewusste brasilianische Eigenheit in einem unverkennbar persönlichen Lebensstile aus – einem Lebensstil, der viel der alten kolonialen Tradition nicht nur bewusst aufrechterhält, sondern auch schon schöpferisch weiterbildet."[283]

Charakteristisch für die von Zweig positiv besetzte Mittelschicht sind fehlende ´Ostentation`, Einfachheit, Zurückhaltung, Lautlosigkeit und Genügsamkeit. Im europäischen Stil konzentriere sich das Leben dieser Schicht auf die Familie, in der in der ´Sitte` „[...] manches Patriarchalische aus dem anderen Jahrhundert, das bei uns längst – man bedauert es fast – historisch geworden ist, sich noch in voller Geltung erhalten [habe]: vor allem widerstreb[e] hier bewusst ein traditioneller Wille der Auflockerung des Familienlebens und des väterlichen Autoritätsprinzips."[284] Einen geradezu melancholischen Blick wirft Zweig auf die aus der Kolonialzeit überlieferte Tradition, nach der der Vater und Mann noch ´unbeschränkter Herr über die Seinen ist`, alle ´Vorrechte` genießt, die ´männliche Superiorität` noch nicht in Frage gestellt ist und wo „Emanzipationsbestrebungen oder Frauenrechtlerei [...] noch keinen Boden gefunden"[285] haben. In der Zweigschen Idealwelt betritt die bürgerliche Frau nicht ohne ihren Gatten nach Einbruch der Dämmerung die Strasse, die Städte sind abends ´nurmehr Männerstädte` und Frauen oder Mädchen gehen abends nicht ohne Begleitung des Vaters oder Bruders ins Kino. Solche Aussagen des Autors geben auf einer zweiten Ebene Auskunft über dessen eigene moralisch-sittlichen Vorstellungen. Gar nicht zur Debatte stellt er die Tatsache, dass ein junges Mädchen auch in Begleitung ihres Freundes und nicht des Bruders oder Vaters ausgehen könnte. Und „noch eingeschränkter ist selbstverständlich die Stellung der jungen Frauen. Freundschaftlicher

---

280   Vgl.: Zweig (1997): 154
281   Zweig (1997): 155
282   Zweig (1997): 154
283   Zweig (1997): 156
284   Zweig (1997): 157
285   Zweig (1997): 157

Verkehr mit jungen Leuten auch naivster Art, sofern er nicht deutlich von Anfang an sich mit Heiratsabsichten verbindet, ist selbst heute noch nicht üblich [...]."[286] ´Selbstverständlich` und nicht fragwürdig erscheint dem Autor diese Stellung junger brasilianischer Frauen, ein deutlicher Hinweis auf seine eigene konservative Einstellung und Mentalität, wie sich auch im Folgenden zeigt.[287] Die Lebensart der mittelständischen Familien, „[...] die still und ohne jede Vordringlichkeit in ihren kleinen Häusern zufrieden leben, bilden durch ihre gesunde, normale Existenzform das eigentliche Kraftreservoir der Nation."[288] Ihre konservative Lebenshaltung, die mit Bildungseifer und fortschrittlichem Denken einhergeht, erscheint Zweig die Basis zu sein, der ´feste, gesunde Humus`, aus dem eine neue Generation erwächst, die beginnt, in die angestammten Führungsebenen der Aristokratie vorzudringen.[289]

Als letzte der drei gesellschaftlichen Schichten benennt Zweig die alte Aristokratie, deren „[...] kultureller Einfluss auf das allgemeine Repräsentationsniveau [...] noch immer wohltätig fühlbar ist."[290] Die Gemeinsamkeit dieser adeligen Familien zeigt sich nach Zweig

[...] einzig in der Lebenshaltung und der schon seit Generationen hoch entwickelten geistigen Kultur. Vielgereist in Europa oder von europäischen Lehrern und Gouvernanten herangebildet, zum großen Teil reich begütert oder in hohen Regierungsfunktionen, haben sie seit Beginn des Kaiserreichs den geistigen Zusammenhang mit Europa ständig bewahrt und ihren Ehrgeiz daran gesetzt, Brasilien vor der Welt im Sinne kultivierter und fortschrittlicher Wesensart zu repräsentieren.[291]

Die großen, aus dieser sozialen Schicht stammenden Staatsmänner Brasiliens zeichnen sich durch die Verfechtung eines demokratischen Idealismus und europäischen Liberalismus aus. Sie erscheinen Zweig im Rückblick als ´stille und beharrliche` Verfechter des Prinzips der politischen Konzilianz.[292] Ebenso wie die Mittelklasse sind auch diese ´alten Familien` nicht ostentativ und „[...] und stellen in ihrer gleichzeitigen nationalen Gebundenheit und geistigen Universalität einen Typus höchster Zivilisation vor, wie er in den anderen südamerikanischen Ländern völlig fehlt und der stark an den österreichischen erinnert in seiner Kunstfreundlichkeit und geistigen Liberalität."[293] Zweig verweist hier explizit auf sein Eigenes, sein

---

286 Zweig (1997): 158
287 Zweigs Kategorisierung der Prostituierten Rios, die „[...] wie exotische Tiere hinter den Gitterstäben [...]" warten, spricht ebenfalls für sein Frauenbild, Zweig (1997): 205-206
288 Zweig (1997): 158
289 Positives Beispiel für diese beschriebene Lebenshaltung ist für Zweig Getúlio Vargas, Vgl.: Zweig (1997): 158
290 Zweig (1997): 159
291 Zweig (1997): 159
292 Zweig (1997): 159
293 Zweig (1997): 160

Österreichertum, das er bei den Vertretern der brasilianischen Oberschicht wiederzufinden glaubt. ´Altes Wien und neues Rio` fließen ineinander und kommen zur Deckung.²⁹⁴
Die kulturelle Vorherrschaft²⁹⁵ im Land geht nach Meinung Zweigs von eben dieser aristokratischen Gesellschaftsschicht im Land aus. Zusammen mit der Mittelklasse ist sie an der Herausformung der typisch brasilianischen Kultur beteiligt. Dass es sich hierbei um einen noch nicht abgeschlossenen Prozess handelt, hängt für Zweig mit der kolonialen Vergangenheit des Landes und der damit verbundenen Unterdrückung eigenkultureller Bestrebungen zusammen. Erst die Ankunft des portugiesischen Hofes in Brasilien (1808) habe zur Einrichtung kultureller Institutionen wie Bibliotheken, Akademien und Kunstschulen geführt und einen ´gewissen kulturellen Glanz` über die Residenzstadt Rio de Janeiro gebracht.

Einer nationalen Literatur und Dichtung habe, im Prozess der Herausbildung einer eigenen brasilianischen Kultur, bisher der ´richtige Humus` für ein Wachstum gefehlt. Der Vorzug, den die intellektuelle Schicht der europäischen, speziell der französischen Literatur vor einer national-brasilianischen gegeben habe, habe, neben dem Analphabetentum in breiten Teilen der Bevölkerung, zum Fehlen einer interessierten Leserschaft geführt. Erst „[...] durch den Zustrom kulturgewohnter und darum kulturbedürftiger Elemente [...]"²⁹⁶ und der zunehmenden Bildung der Mittelschicht, sei ein Wandel eingetreten. Im Zuge dieser Veränderung habe die brasilianische Literatur begonnen, in den Bereich der Weltliteratur vorzudringen. Den Impetus für das Entstehen und den Aufschwung der brasilianischen Literatur führt Zweig somit auf die Immigration der kulturverbundenen Europäer zurück.
Diese Entwicklung habe außerdem dazu geführt, dass nun die „[...] geistige und künstlerische Produktion im Mittelpunkt des Interesses der ganzen Nation"²⁹⁷ stünden. „Denn der Brasilianer ist an sich durchaus geistig interessiert. Beweglichen Intellekts, rasch in der Auffassung und von Natur aus gesprächig, hat er als Portugiesenenkel die natürliche Freude an schönen sprachlichen Formen [...]. Er liebt zu lesen."²⁹⁸
Zweig kategorisiert hier den Brasilianer in verallgemeinernder Weise und aberkennt ihm durch seine Wortwahl ein eigenständiges, geistiges Interesse. Sein positiver Beschreibungsversuch wird hier durch das die Worte ´an sich` und ´durchaus` negativ, beziehungsweise abwertend konnotiert. Auch ist es

---

294 Vgl.: Holzner, In: Schwamborn (1999): 142
295 Interessanterweise gibt es trotz solcher Aussagen im Brasilien-Buch Ansätze in der Sekundärliteratur, die davon ausgehen, Zweig habe nie die Überlegenheit einer Kulturform über eine andere behauptet, Vgl.: Holzner, In: Schwamborn (1999): 138
296 Zweig (1997): 162
297 Zweig (1997): 162
298 Zweig (1997): 162

wiederum einzig und allein die europäische Abstammung des Brasilianers, die sein kulturelles Interesse hervorruft.

Den Vorrang der Poesie vor der Prosa führt der Autor auf die „[...] eingeborene Neigung der Brasilianer zu zarteren Formen [...]"[299] zurück - wieder ein Einschub, der implizit Zweigs Thesen vom zarten brasilianischen Menschen stützt und nicht zu beweisen ist.

Brasilianische Prosaautoren die Zweig nennt sind José de Alencar, Machado de Assis und Euclides da Cunha. Ersteren beschreibt er in seiner Abhängigkeit von literarischen europäischen Formen, denn „[s]elbst die Entdeckung des >guten Indios< in dem >Guarani< von José de Alencar war eigentlich nur ein Rückimport ausländischer Vorbilder wie Chateaubriands >Atala< oder Fenimore Coopers >Lederstrumpf<; bloß die äußere Thematik in seinem Romane, nur ihr historisches Kolorit ist brasilianisch, nicht aber die seelische Einstellung; die künstlerische Atmosphäre."[300] Erst durch die Werke Machado de Assis[301] und Euclides da Cunha habe eine brasilianische Nationalliteratur begonnen. Machado de Assis stellt sich in der Beurteilung Zweigs „[...] dank der durchsichtigen Sauberkeit seiner Prosa, seinem klaren und menschlichen Blick [...] den besten europäischen Erzählern zur Seite."[302] Das Epos „Os Sertões"[303] von Euclides da Cunha bilde einen ´Reichtum an geistiger Erkenntnis` und eine ´wunderbare Humanität` ab.[304] Zweig vermeint Freude und Stolz der Brasilianer darüber zu erkennen, „[...] sich selbst und die ganze Weltliteratur zu entdecken."[305] Bei derartigen Aussagen geht er aber offensichtlich mehr von seinem eigenen väterlich motivierten Stolz auf die kulturelle Entfaltung Brasiliens aus und unterstellt aus der Perspektive seiner eigenen, eurozentristischen Wertigkeit von Kultur dem Brasilianer an sich die gleiche Reaktion.

Was die dramatische Gattung betrifft, so ist Zweig „[...] kein Name eines Dramas [...] als wirklich bemerkenswert genannt worden."[306] Dieser Zustand erscheint ihm aber nicht verwunderlich, da, wie Zweig konstatiert, das Theater Produkt einer einheitlich organisierten Gesellschaft ist, die es in Brasilien nicht gibt. Ebenso fehlt in seinen Augen eine breite bürgerliche ´theaterfanatische` Schicht wie in Österreich oder Spanien. Inwieweit sich diese alte europäische Form einer einheitlich organisierten Gesellschaft nun von der einheitlich organisierten Gesellschaft Brasiliens unterscheidet und wofür dieses Argument genau einstehen soll, geht aus dem Text nicht hervor.

---

299   Zweig (1997): 163
300   Zweig (1997): 164
301   Zweig verweist auf dessen Werk „Dom Casmurro" (1899)
302   Zweig (1997): 164
303   von 1902
304   Vgl.: Zweig (1997): 165
305   Zweig (1997): 163
306   Zweig (1997): 165

Auch im Bereich der Musik, genau genommen der klassischen Musik, mache sich das Fehlen von Tradition bemerkbar. Es gäbe keine monumentalen Werke und „[...] noch immer [...] [sei] es die leichte, die gefällige Musik, die hier im Publikum vorwaltet."[307] Einen Komponisten von Weltgeltung habe das Land allerdings hervorgebracht: Carlos Gomes. Dessen ´Heroismus` und ´verzweifelter Lernwille`, den gegebenen, erschwerten Umständen für einen Musiker in Brasilien zum Trotz, faszinieren Zweig.[308]

Malerei und Wissenschaften befänden sich in einem Entwicklungsprozess, in dem bereits einige Erfolge zu verzeichnen seien, Brasilien mache ´erstaunliche Fortschritte`[309]. In der Geschichtsschreibung Brasiliens verdanke man zwar die grundlegenden Darstellungen Europäern[310], jedoch seien es in den letzten Jahren Brasilianer, die sich dieser Aufgabe angenommen hätten. Für die Gebiete der Malerei[311] und Architektur erwähnt Zweig nur die ´ungeheuren und glücklichen Aufgaben`[312], die noch zu erfüllen sind: „Viel wird in diesem Sinne hier schon versucht und einiges Wesentliche ist schon erreicht worden."[313] Für das Feld der Philosophie verweist Zweig auf den Einfluss Auguste Comtes, einen brasilianischen Vertreter nennt er nicht.

Auch im technischen Bereich hat Zweig wenig zu berichten. Es fällt der Name Santos Dumont, der vor allem wegen seiner Menschlichkeit auf Zweig Eindruck zu machen scheint.[314]

Die Entscheidung darüber, was dem kulturellen Bereich zuzuschreiben ist, geht bei Zweig zu Gunsten der Hochkultur aus, wodurch Brasilien in seiner Bewertung relativ schlecht wegkommt. Durch seine Konzentration auf europäische Bildungstraditionen negiert er den Einfluss der ehemaligen Sklaven und indigenen Bevölkerung auf die brasilianische Musik,- Tanz- und Esskultur, sowie auf die synkretischen Ausformungen des brasilianischen Katholizismus. Zweig hat grundsätzlich Probleme, eine richtige brasilianische Kultur festzustellen, nur in Salvador de Bahia[315] bemerkt er eine eigene, aber ´eigenartige` Ausformung, die aber offensichtlich seinem hochkulturellen Verständnis von Kultur nicht entspricht.[316]

---

307   Zweig (1997): 166
308   Vgl.: Zweig (1997): 166
309   Vgl.: Zweig (1997): 168
310   In dieser Reihe ´europäischer Historiker` die Zweig nennt finden sich unter anderem der Chronist Hans Staden, was auf die Einstellung Zweigs zur Frage historischer Authentizität schließen lassen kann, Vgl.: Zweig (1997): 168
311   Zweig nennt als einzigen brasilianischen Maler Cândido Portinari (1903-1962), Vgl.: Zweig (1997): 167
312   Vgl.: Zweig (1997): 167
313   Zweig (1997): 167
314   Zweig verweist auf zwei Briefe, die Dumont an den Völkerbund geschrieben haben soll, um gegen die Verwendung des Flugzeugs zum Abwurf von Bomben und zu anderen Kriegszwecken zu protestieren, Vgl.: Zweig (1997): 169
315   siehe Kapitel 3.8
316   Vgl.: Kapitel 3.7.

Am Ende des Kapitels stellt der Autor noch eine Art Rechnung auf, in der er das kulturelle Alter, sowie am kulturellen Prozess beteiligte Bevölkerungsanteile der bisher erbrachten kulturellen Leistung des Landes gegenüberstellt, um so die 'Leistung` Brasiliens ins rechte Licht zu rücken.

> *[...] [J]eder Vergleich mit Europa [führt] ins Leere. Europa hat unermesslich mehr Tradition und weniger Zukunft, Brasilien weniger Vergangenheit und mehr Zukunft, alles Geleistete ist hier ein Teil des noch zu leistenden, vieles, was Europa der jahrhundertealte Grundstock als selbstverständlich gewährt, ist hier noch aufzubauen, die Museen, die Bibliotheken, der durchgreifende Bildungsapparat. [...] Noch spürt man hier manchmal eine gewisse Enge und anderseits Ferne von den aktuellen Bemühungen unserer Zeit, noch ist das Land nicht seiner eigenen Proportion entsprechend entwickelt, noch wird jeder Brasilianer ein Jahr Europa oder Nordamerika als die richtige letzte Stufe seiner Studien empfinden, noch hat Brasilien trotz allen und allen unseren Torheiten von unserer alten Welt Auftrieb und Antrieb empfangen.*[317]

Aber andererseits habe auch der Europäer „[...] schon viel hier zu lernen."[318] Vor allem begegne er einem anderen Raum- und Zeitgefühl und zudem seien

> *[...] der Spannungsgrad der Atmosphäre [...] ein geringerer, die Menschen freundlicher, die Kontraste weniger vehement, die Natur näher, die Zeit nicht so überfüllt, die Energien nicht so bis zum letzten und äußersten gespannt. Man lebt hier friedlicher, also menschlicher, nicht so maschinell, nicht so überreizt und vergiftet wie in Europa. Dadurch, dass Raum ist um den Menschen, stößt nicht einer so ungeduldig mit dem Ellbogen gegen den anderen, dadurch dass Zukunft ist in diesem Lande, ist die Atmosphäre unbesorgter und der einzelne weniger bekümmert und erregt."*[319]

Wofür genau das Zweigsche Brasilien eintreten soll, macht der letzte Satz des Kapitels deutlich:

> *Und sollte – dies der glücklichste Trost in manchen Augenblicken unserer Verstörung – die Zivilisation unserer alten Welt sich wirklich in diesem selbstmörderischen Kampf vernichten, so wissen wir, dass hier eine neue am Werke ist, bereit, all das, was bei uns die edelsten geistigen Generationen vergeblich gewünscht und erträumt, noch einmal zur Wirklichkeit zu gestalten: eine humane und friedliche Kultur.*[320]

Brasilien fungiert in Stefan Zweigs Vorstellung als utopischer Ort, an dem sich seine ursprünglich für Europa gemachte Prophezeiung letzten Endes doch noch erfüllt: die Verwirklichung von Humanität und Pazifismus über alle

---

317 Zweig (1997): 169-170
318 Zweig (1997): 170
319 Zweig (1997): 170
320 Zweig (1997): 170-171

historischen Fehler, Krisen, Kriege und Schwierigkeiten hinweg, ganz im Sinne einer höheren Vernunft.

3.5. Brasilianische Städte
3.5.1. Rio de Janeiro

Rio de Janeiro ist die Stadt Brasiliens, der Stefan Zweig die größte Bewunderung in seinem Buch zukommen lässt. Die Kombination aus Meer, Gebirge, Seen, Wasserfällen und üppiger Natur rufen bei ihm eine Begeisterung hervor, die ans Ekstatische grenzt. Für den Autor gibt es ´keine schönere Stadt auf Erden`, sie scheint ihm ´die schönste Stadt der Welt`[321] zu sein. In dem für Rio typischen Gegensatz von Natur und Kultur, Chaos und Ordnung meint er eine harmonische Einheit zu erkennen:

> *Da ist Grün in allen Farben, Urwald bis knapp heran an die Stadt mit wuchernden Lianen und undurchdringlichem Dickicht [...]. Überall ist die Natur eine überschwängliche und doch harmonische, und inmitten der Natur die Stadt selbst, ein steinerner Wald [...].*[322]

Bei seiner Einfahrt in die Bucht von Guanabara empfängt ihn ein Duft, der „[...] auf süße Art trunken und müde zugleich macht."[323] Die Umgebung von Rio und anschließend die Stadt selbst blättert sich dem Autor gleich einem ´göttlichen, leuchtenden Fächer` auf „[...] und gerade dies mach[e] die Einfahrt so dramatisch, so unablässig überraschend."[324]

„[...] Rio de Janeiro [...] breitet sich auf mit weichen, weiblichen Armen, es empfängt in einer weit ausgespannten zärtlichen Umarmung, es zieht an sich heran, es gibt sich mit einer gewissen Wollust dem Blicke hin."[325] Zweigs Gefühle scheinen beim Anblick dieser Stadt in Aufruhr zu geraten, in ein emotionales Durcheinander, das sich in seinen Beschreibungen niederschlägt: alles erscheint ihm unübersichtlich und gleichzeitig harmonisch, der Leser wird durch die Beschreibung Zweigs in die ´traumhafte Geschwindigkeit` der Stadt mit hinein gezogen. Alle Sinne scheinen gefordert zu sein, um das Leben Rios zu erfassen. Alles in dieser Stadt sei angefüllt von ´unregelmäßigen Formen`[326], ´Farben, Licht und Bewegung`[327].

> *„[A]lles geht hier durcheinander, ineinander, kreuz und quer, arm und reich und neu und alt, Landschaft und Kultur, Hütten und Wolkenkratzer, Neger und Weiße, altväterische Lastkarren und Automobile, Strand und Fels und Grün und Asphalt."*[328]

Wie eine exotische Liebesbeziehung mutet das Verhältnis Zweigs zu Rio de Janeiro an. Der Autor schreibt von ´heißen und explodierenden Farben`,

---

321	Vgl.: Zweig (1997): 173, 179
322	Zweig (1997): 173
323	Zweig (1997): 177
324	Zweig (1997): 178
325	Zweig (1997): 179
326	Zweig (1997): 173
327	Zweig (1997): 174
328	Zweig (1997): 175

´duftender Schwüle`³²⁹, ´feuchter, süßer, weicher Luft an Mund und Händen`³³⁰ und ´klingendem ineinander fließen`³³¹, um seinen Eindruck der Stadt wiederzugeben.
Zweig setzt für Rio naturhafte und weiblich konnotierte Beschreibungen³³² ein und neigt – abermals - dazu, die Stadt zu personifizieren. Er schreibt von ihr beinnah wie von einem Menschen: „Man wird nicht fertig mit ihr"³³³, „[s]ie ist immer anders […]"³³⁴. Zweig selbst ist in dieser Verbindung immer „[…] der Empfangende in Schauen und Genießen."³³⁵ Der Blick wird von Zweig immer wieder thematisiert, bis hin zu einer fast voyeuristischen Komponente, wenn er die ´Augenlust`³³⁶ benennt und schreibt, dass es „[…] das Optische ist, das mir am stärksten die Phantasie in Erregung setzt […]."³³⁷

Die Begegnung mit dem Fremden und die Problematik einer adäquaten Repräsentation kommen in der Buchpassage über Rio deutlich zum Ausdruck. Dem Blick des Autors bietet sich etwas vollkommen ´Neues` und ´Überraschendes`³³⁸ dar. Die Stadt verwirrt ihn, führt zu ´Perspektivverschiebungen` und ´sanftem Taumel`³³⁹. Sie wird von ihm aufgrund dieser Erfahrung mit dem Weiblichen gleichgesetzt. Seine Beglückung und Verwirrung gehen so weit, dass er sich außer Stande sieht, Worte für das Erlebte zu finden, was sich dann auch in einer konsequenten Wiederholung bestimmter Phrasen und Vokabeln äußert:

*„Die Schönheit dieser Stadt, dieser Landschaft lässt sich kaum wiedergeben. Sie versagt sich dem Wort, sie versagt sich der Fotografie, weil sie zu vielfältig, zu unübersichtlich, zu unerschöpflich ist."*³⁴⁰

*„Je länger man sie kennt, umso mehr liebt man sie, und doch, je länger man sie kennt, umso weniger kann man sie beschreiben."*³⁴¹

---

329 Vgl.: Zweig (1997): 176
330 Vgl.: Zweig (1997): 177
331 Vgl.: Zweig (1997): 179
332 Zweig setzt Rio gegen New York, das er als ´härter`, ´energischer`, ´männlicher` beschreibt und das sich einem ´entgegenbäumt`, womit er noch einmal die Schilderung der Hafeneinfahrt als einen erotischen Akt unterstreicht, Vgl.: Zweig (1997): 179
333 Zweig (1997): 173
334 Zweig (1997): 175
335 Zweig (1997): 176
336 Zweig (1997): 193
337 Zweig (1997): 229
338 Vgl.: Zweig (1997): 191, 210
339 Vgl.: Zweig (1997): 195, 211
340 Zweig (1997): 172
341 Zweig (1997): 176

In diesem Abschnitt des Buches gibt Zweig seinen autoritären Betrachterstandpunkt ein einziges Mal auf und gesteht seine Schwierigkeiten, das Fremde zu verstehen und wiederzugeben, ein.

Als Kontrastmittel stellt Zweig in diesem Kapitel der exotischen Fremde die ´ermüdende Monotonie`[342] zur Beschreibung Europas gegenüber. Rio verkörpert Abwechslung, Durcheinander, Schnelligkeit - einen Ort, an dem man nicht müde wird[343], das Bekannte hingegen steht für Ordnung, Einheitlichkeit – Monotonie. Noch ungebändigte Natur und strukturierte Kultur beziehungsweise Zivilisation stehen sich hier einander gegenüber. In der Unübersichtlichkeit, Vielfältigkeit der Stadt vermeint Zweig einen immer wieder neuen Anfang zu sehen.[344] Man kann die Begriffe Anfang, Hoffnung und Zukunft in eine Reihe setzen und die Gegenüberstellung auf ganz Brasilien ausweiten, dem Land der Zukunft im (noch) großen, natürlichen Chaos. Ebenso wie Rio im Kleinen, schafft Brasilien im Großen den Abbau spannungsreicher Gegensätzlichkeiten zu Gunsten ´einzigartiger harmonischer Gelöstheit`[345], sei es nun auf den Gebieten der Stadtarchitektur oder der ethnischen Vielfalt.

Zweig geht auf in seinen Gefühlen für die Stadt und im übertragenen Sinn auch für das Land.[346] Dieser Tendenz zur absoluten Identifikation mit dem Anderen, fast schon einer Art Ich-Auflösung, setzt sich Zweig entgegen, indem er die Schönheit Rios, speziell die Copacabanas, eine symbolische nennt. Von der Avenida Atlántica blicke man permanent nach Europa hinüber und habe Brasilien eigentlich im Rücken[347]. Hiermit erbringt er erneut den Beweis für die Verknüpfung des Landes mit Europa und löst den Moment der totalen Identifikation durch den Verweis auf seine eigene Kultur auf. Auch die Beschreibung des ´Kurörtchens` Petrópolis geschieht mit einem Verweis auf dessen europäische Wurzeln, indem Zweig schreibt, man denke „[…] an ein deutsches Provinzstädtchen". Und Teresópolis vermittelt ihm das Gefühl, „[…] als ob man von einer österreichischen Landschaft in eine schweizerische käme."[348]

Der absoluten Identifikation und damit verbundenen Ich-Auflösung setzt Zweig immer wieder die europäischen Komponenten brasilianischen Lebens entgegen, wie um sein Eigenes, den Führungsanspruch der europäischer Kultur und Tradition gerade in solchen Momenten zu bewahren. Durch die

---

342 Vgl.: Zweig (1997): 175, 177, Vgl. auch: Zelewitz, In Schwamborn (1999): 157
343 Vgl.: Zweig (1997): 180
344 „Statt das selbe wieder zu finden, entdeckt man sich alles hier immer wieder von Anfang an.", „Aber man ist nur bei einem neuen Anfang, bei einem der vielen Anfänge, mit denen diese Stadt immer wieder überraschend beginnt.", Zweig (1997): 191
345 Vgl.: Zweig (1997: 202
346 das er die ´schönste Erde der Welt` nennt, Zweig (1997): 180
347 Vgl.: Zweig (1997): 193
348 Zweig (1997): 214-215

Vergleichstruktur[349] zwischen Unbekanntem und Bekanntem, durch den ständigen Verweis auf den europäischen Einfluss, domestiziert Zweig das Fremde und ordnet es dem Eigenen unter.

---

349 Zweig vergleicht Rio mit New York, Nizza, Miami, Wien, Paris, Marseille, Neapel, Barcelona und Rom, Zweig (1997): 179-195

3.5.2. São Paulo

Der malerischen Beschreibung Rio de Janeiros folgt eine Aufstellung von Statistiken, die die rasante Entwicklung und den Charakter São Paulos untermauern sollen: „[D]enn nicht seine Vergangenheit und nicht seine Gegenwart machen São Paulo so faszinierend, sondern sein gleichsam unter der Zeitlupe sichtbares Wachsen und Werden, sein Tempo der Verwandlung."[350]

São Paulo symbolisiert für Zweig das ´Werdende`, eine Stadt der Entwicklung, und ist damit Beispiel für den positiven Einfluss europäischer Schaffenskraft in einem bis dahin noch wenig genutzten Raum. Das Zukunftsprojekt Brasilien in all seinen Möglichkeiten erscheint ihm in São Paulo mitten in der Verwirklichung.

> *Wenn man also auf dem Begriff der Schönheit durchaus beharren will, so kann man die São Paulos nicht eine vorhandene, sondern nur eine werdende nennen, eine nicht so sehr optische als energetische und dynamische, eine Schönheit und Form von morgen, die man durch das Heute eben jetzt mit einer ungeduldigen Gewalt durchbrechen fühlt.[351]*

Die Verankerung Zweigs in den theoretischen Diskursen seiner Zeit über Rasse, Klima und Milieu, macht seine Erklärung der wirtschaftlichen Triebkraft São Paulos deutlich: Es seien die geographischen und klimatischen Bedingungen der Stadt, unter denen vor allem der europäische Immigrant keine Umstellung durchmachen müsse und deshalb seine Aktivität und Energie voll ausschöpfen könne. Gleichzeitig reiße dieses Arbeitsklima die ´arbeitswilligen` und ´ambitiösen` Brasilianer mit, die sich dort etablieren, „[...] wo sie diese höher zivilisierten, besser vorgebildeten und leistungswilligeren Arbeiter zur Verfügung haben."[352] An den eingewanderten Arbeitern lobt Zweig den Willen zu ´Wagnis, Fortschritt und Expansion`.[353]

Im Gegensatz zu Rio stünden in São Paulo moderne Entwicklung, Kultivierung und Zivilisation im Vordergrund. Die Stadt beschreibt Zweig als eine ´Männerstadt`: „[...] [A]uf den Straßen sieht man fast nur Männer, hastige, eilende, tätige Männer. Wer hier nicht arbeitet oder zu Geschäften kommt, weiß nach einem Tag nicht mehr wohin mit seiner Zeit. Der Tag hat hier doppelt so viel Stunden wie in Rio und die Stunde doppelt so viel Minuten, weil jede Tätigkeit bis an den Rand voll gepresst ist."[354]

Es stellt sich hier die Frage, ob die beschriebenen Auswirkungen von Arbeitseifer, Effizienz und ´intensiver Organisation`[355] das erwünschte

---

350 Zweig (1997): 220
351 Zweig (1997): 226
352 Zweig (1997): 222
353 Vgl.: Zweig (1997): 222
354 Zweig (1997): 226
355 „Die eine Provinz São Paulo leistet [...] allein industriell und kaufmännisch mehr als der Großteil des übrigen Landes, sie ist moderner und fortschrittlicher als alle

Ergebnis der positiven, europäischen Beeinflussung brasilianischen Lebens sein sollen. Denn noch in seinen Ausführungen über die brasilianische Kultur und Lebenshaltung kommt Zweig zu dem Schluss, dass „[d]as Leben an sich [...] hier wichtiger [sei] als die Zeit."[356]

In diesen Schilderungen zeigt sich wieder das ambivalente Verhältnis Zweigs zu Effizienz und Ordnung beziehungsweise zur Naturhaftigkeit, wobei der Autor in der Regel die Natur Brasilien und die Kultur Europa zuordnet. Er zeigt sich begeistert von der Naturwüchsigkeit des Landes und versucht dessen ´Rückständigkeit` in ein positives Licht zu setzen um gerade in dieser Eigenschaft die Beispielhaftigkeit Brasiliens zu betonen. Er spricht sich gegen alles ´Starre` und ´Schematisierte`, gegen die Domestizierung der Natur aus, da dadurch alles ´Exotische sofort aufhört exotisch zu wirken`[357] und der Anblick nur eine ´technische Neugier` auslöst. Seinen Phantasien aus der Jugendzeit von „[...] tropischer Wildnis [...], exotischen Fernen, immer umringt von Gefahren und unerhörten Abenteuern"[358], steht die ihm bekannte, trostlose Monotonie[359] gegenüber. Obwohl Zweig in Bezug auf dieses exotische Ideal von ´Phantasien der Kindheit` spricht, prägen sie doch noch immer sein Wunschbild von Brasilien, das durch Leseeindrücke aus seiner Kindheit präformiert ist.

Gleichzeitig setzt er dem Brasilianischen immer wieder die europäische ´Wirklichkeit` entgegen, verweist auf deren Wurzeln, lobt ihren Einfluss und macht deutlich, dass Brasilien noch immer und auch in Zukunft noch lange in den Kinderschuhen und damit mitten in der Entwicklung stecke. Die Entdeckung von ´Komfort` und kulturellem Einfluss in Form von Büchern – vor allem seiner eigenen – auf den einsamen Fazendas Brasiliens, erscheinen ihm nicht als Zerstörung seines exotischen Kindheitstraums, sondern als positive Ergebnisse des technischen Jahrhunderts.[360] Die Monotonie, Ordnung und Ruhe, die er beim Anblick des technischen Kaffeefließbandes empfindet, führe ihm erneut das Eigene vor Augen: „Es ist schön anzusehen, dieses lautlose, stille, mechanische Fließen."[361]

---

   anderen und deshalb nordamerikanischen oder europäischen Städten ähnlicher durch ihre intensive Organisation.", Zweig (1997): 226

356 Zweig (1997): 150
357 In Bezug auf das seinen Besuch im Ypirangamuseum, Zweig (1997): 227
358 Zweig (1997): 235
359 Seine Schilderung der Kaffeeplantagen bringt den Natur/Kultur-Gegensatz nochmals zum Ausdruck: die kultivierten, auf wirtschaftliche Effizienz hin ausgerichteten Kaffeesträucher stehen ´monoton`, in ´feldgrauen, militärischen Kolonnen`, die Bananenpflanzungen empfindet Zweig hingegen als ´wirr` und ´individuell`, ihr Anblick löst Freude in ihm aus, Zweig (1997): 236, der Kaffeegewinnungsprozess entspricht hingegen seiner ursprünglichen Erwartung von romantischer Exotik, Zweig (1997): 237
360 Zweig (1997): 236
361 Zweig (1997): 239

Nur über die eigentlich schon in der Einleitung kritisierten Begrifflichkeiten[362] kann der Autor die alte gegenüber der neuen Welt abgrenzen. Letztendlich bewertet er eben doch Kriterien wie Leistung, Organisation, Aktivität oder Energie, und nicht Humanität, Pazifismus oder Freundlichkeit, um die Überlegenheit seiner eigenen Gesellschaft über die andere, brasilianische zu zeigen. In solchen Passagen seines Buches läuft Zweig ernstlich Gefahr, seinen eigenen Traum, durch den Akt wechselseitiger Identifikation und Abgrenzung gegenüber dem Fremden, rhetorisch zu widerlegen.

3.5.3. Ouro Preto

Stefan Zweig beschreibt in seinem Kapitel „Besuch bei den versunkenen Goldgräberstädten" die Geschichte der Stadt Vila Rica, heute Ouro Preto, und anderer ehemaliger Zentren des brasilianischen Goldgräberbooms. Er bezeichnet sie als `Bildnisse kolonialer Zeit`[363] sowie als „[...] bildhaft gewordenen Geschichte [...] einer eigenartigen nationalen Kultur."[364] Die alten Minenstädte vergleicht er von ihrer nationalen Bedeutung her mit Toledo, Venedig, Salzburg und Aigues-Mortes.

Ouro Preto präsentiert sich Zweig als Stadt der Kirchen. Faszinierend erscheint ihm die Tatsache, dass „[...] solche großzügige[n], kunstvolle[n] Bauten in dieser damals von der zivilisierten Welt abgelegenen Zone überhaupt entstehen konnten [...]."[365] Den Goldgräbern unterstellt der Autor das Gefühl von ´Stolz`, das die Kirchen mit ihrer Pracht in ihnen ausgelöst haben müssen und „[...] eine Ahnung von überirdischer Schönheit in ihr wildes und zügelloses Leben brachten."[366] Er selbst empfindet den Besuch als ein ´besonderes Erlebnis`, das mehr als nur ´Augen- und Seelenfreude` ist.[367]

Denn geheimnisvoll fühlt man an ihrer [der Städte] *eigentlich unverständlichen Existenz die vielfältige Magie dieses gelben Metalls, das Städte in die Wildnis stellt, in den wüsten Freibeutern Sehnsucht nach Kunst erregt, das hier wie immer die guten Instinkte anreizt wie die schlimmen, und, selber kalt und schwer, in dem Blut und*

---

362 Auch in der „Welt von gestern" tut sich diese Kluft zwischen negativ und positiv konnotierter Ordnung auf. Auf der einen Seite kritisiert Stefan Zweig den Begriff Ordnung vor allem im Angesicht des 2. Weltkrieges und sieht ihn als eine typisch deutsche Eigenschaft. Auf der anderen Seite befindet er sich auf der ständigen Suche nach Ordnung, was ihn als einen typischen Vertreter eines westlichen Zivilisations- und Kulturbegriffes ausweist: „[E]in ungeheures Verlangen nach Ordnung war in allen Kreisen des deutschen Volkes, dem Ordnung von je her mehr galt als Freiheit und Recht." „[...] [D]ie ganze kriegsmüde Nation [sehnte] sich eigentlich nur nach Ordnung, Ruhe, nach ein bisschen Sicherheit und Bürgerlichkeit [...].", Zweig: Die Welt von Gestern (1941): 375
363 Vgl.: Zweig (1997): 250
364 Zweig (1997): 250
365 Zweig (1997): 251
366 Zweig (1997): 254
367 Vgl.: Zweig (1997): 255

den Sinnen der Menschen die heißesten und heiligsten Träume erregt – dieses geheimnisvollen und unzerstörbaren Wahns, der aber- und abermals die Welt verwirrt.[368]

Die Freude und den Stolz, die Zweig angesichts der künstlerisch-menschlichen Leistung überkommen, überträgt er auf weitere Personen, ohne für seine Behauptungen eine verifizierbare Grundlage zu haben. Der Leser wird hier insofern manipuliert, als die Größe der Kultur der landschaftlichen Ödnis und dem Barbarentum der Goldgräber entgegengesetzt wird.

In diesem Zusammenhang hält Stefan Zweig besonders das Werk und Leben des körperlich eingeschränkten und verkrüppelten Künstlers António Francisco Lisboas – heute vor allem unter dem Namen Aleijadinho bekannt – für erwähnenswert. In der Seele Lisboas vermutet er ein ´wahrhaftes Genie`, das keine Gelegenheit hatte, sein künstlerisches Potential zu entfalten.

Aber in ein abgelegenes Bergdorf mitten in tropischer Einsamkeit verschlagen, ohne Lehrer, ohne Meister, ohne mithelfende Kameraden, ohne Kenntnis, ja ohne Ahnung der großen Vorbilder kann dieser arme Bastard nur mühsam und auf unsicheren Wegen sich wirklich gültiger Leistung annähern. Einsam wie Robinson auf seinem Eiland in der kulturellen Wildnis seines Goldgräberdorfes hat Lisboa nie eine griechische Statue gesehen, nie eine Nachbildung Donatellos oder eines seiner Zeitgenossen.[369]

Strategisch verfolgt Zweig wieder sein grundsätzliches Ziel: Zunächst entdeckt er etwas Positives, in diesem Fall einen nach seinem Kunstverständnis begabten Maler und Bildhauer, dem er seine Wertschätzung ausdrückt. Gleichzeitig negativiert er jedoch die Kunst desselben, indem er seine fehlende Kenntnis der großen Europäer bemängelt, wodurch er dem Werk Lisboas seine absolute Gültigkeit abspricht. Auch wenn er ihm trotz seiner technischen Fehler und seiner Unbeholfenheit einen ´gewaltigen` künstlerischen Ausdruck zugesteht.[370] Die Betonung Zweigs liegt auf Lisboas künstlerischem Potential. Wie das Land oder die farbige Bevölkerung, so verkörpert auch in diesem speziellen Fall der Künstler eine Potentialität, die auf Zukünftiges, Mögliches verweist. Verwirklicht sind diese Möglichkeiten in der Zweigschen Rhetorik bisher aber nur in Europa beziehungsweise Nordamerika.

Zweigs Art und Weise Lisboas physische Erscheinung zu beschreiben erinnert an seine stereotype Beschreibung des afrobrasilianischen Menschen schlechthin und zeichnet sich durch eine abwertende Haltung gegenüber dem Brasilianischen aus:

Mit seinen dicken, hängenden Negerlippen, seinen großen Schlappohren, seinen entzündeten und immer zornig blickenden Augen, seinem verkrümmten Körper

---

368 Zweig (1997): 255
369 Zweig (1997): 253
370 Vgl.: Zweig (1997): 254

muss er schon in seiner Jugend einen so widrigen Anblick geboten haben, dass – wie die Chroniken schildern – jeder erschrak, der ihm unvermuteter weise begegnete.[371]

3.5.4. Salvador de Bahia

Salvador de Bahia ist für Zweig die Stadt Südamerikas in der erstmals aus dem europäischen, afrikanischen und amerikanischen ´Urstoff´ eine neue ´noch gärende` Mischung entstanden ist.[372]

Bahia habe im Gegensatz zu anderen brasilianischen Städten ihre eigene Kultur und Lebensform entwickelt, die sich in ´Tracht, Küche und Farbe` widerspiegle. „[...] [U]nunterbrochen scheint man die Szenen aus Debrets >Brésil pittoresque< als lebendige Bilder zu sehen [...]."[373] Zweig verweist hier explizit auf die Tatsache, dass seine Beschreibung Brasiliens nicht alleine seinen eigenen Erfahrungen entspringt, sondern Teil eines Geflechts vorhergegangener Diskurse über Brasilien ist. Zweig stellt dem Leser nicht ein Abbild der Realität Brasiliens vor, sondern ´ein einziges flutendes Bild`, in dem alles ´ineinanderfliesst`.[374]

Dem Autor erscheint immer wieder gerade das ´Echte`, ´Unbeabsichtigte` als das Prägnanteste, als der ´Zauber` von Bahia.[375] Dieses natürlich Echte, das sich Zweig präsentiert, entspricht dem urwüchsigen Bild des Europäers vom primitiven, naturnahen, aber glücklichen Leben, dem paradiesischen Urzustand.[376]

Um das Unbekannte, Fremde, das er sieht, verstehen zu können, stellt der Autor Vergleiche mit Bekanntem an und integriert das Fremde in bekannte Deutungsmodelle. Dies geschieht beispielsweise dann, wenn Zweig die ´eigenartige` Tracht der Bahianerinnen beschreibt, die für ihn überhaupt das ´Pittoreskeste im Pittoresken`[377] darstellt:

> *[...] [E]ine bunte Bluse wie die der slovakischen [sic!] und ungarischen Bäuerinnen, darunter glockenförmig ausschwingend ein gesteifter, riesig breiter Rock – man kann den Verdacht nicht loswerden, die Sklavenahnen dieser Negerinnen hätten im Zeitalter des Reifenrocks bei ihren portugiesischen Damen diese Krinolinen gesehen und als Sinnbild vornehmer Pracht in ihrem billigen Kattunkleid bewahrt.*[378]

Die Bahianerinnen beschreibt Zweig als ´mächtige, dunkeläugige Negerinnen`, imposant durch ihren Gang und ihr Gehabe. Ihr ´majestätisches

---

371 Zweig (1997): 252
372 Vgl.: Zweig (1997): 261
373 Zweig (1997): 263
374 Vgl.: Zweig (1997): 264
375 Vgl.: Zweig (1997): 264, 266
376 Dazu passt auch die Aussage Zweigs, die Stadt sei ´nicht verarmt`, ´nicht zurückgesunken`, sondern nur ´stehen geblieben`, was zur Aufrechterhaltung seines paradiesischen Bildes von Bahia dient, Vgl.: Zweig (1997): 262
377 Vgl.: Zweig (1997): 264
378 Zweig (1997): 265

Schreiten` ist ihm eine ´Augenlust`: „[...] stolz erhoben der Nacken, die Hände zu beiden Seiten in die Hüften gestützt, den Blick ernst und frei: ein Regisseur, der ein Königsdrama vorbereitet, könnte von diesen schwarzen Fürstinnen des Markts und der Küche viel lernen."[379]

Dies ist die einzige Stelle im Buch, an der der Autor die afrobrasilianische Bevölkerung positiv beschreibt und den kulturellen Einfluss der ehemaligen Sklaven Brasiliens überhaupt würdigt. Gleichzeitig negiert er aber wieder die Eigenheit der Afrobrasilianischen in der brasilianischen Kultur, indem er vermutet, die bahianische Tracht habe sich möglicherweise an der der Portugiesinnen orientiert. Zweig setzt außerdem immer wieder das königlich inszenierte Benehmen der Bahianerinnen gegen das ´billige Kattunkleid`, das ´billige Metall` und die ´allerbilligste Ware`, die ´diese schwarzen Fürstinnen` verkaufen, „[...] derart kleine billige Kügelchen und Fischragout, dass ein Blatt Papier um sie einzuwickeln, schon zu kostspielig wäre."[380] Durch die Betonung und negative Konnotation des ´Billigen` schränkt Zweig seine positive Würdigung im gleichen Moment ein und entkräftet den Wert wieder, den er der Tradition Bahias im Gegensatz zu anderen brasilianischen Städten anfangs zumisst.

In der Beschreibung bahianischer Kirchenfeste verfällt Zweig erneut in seine bereits bekannte patriarchalisch-rassistisch gefärbte Rhetorik.

Bahia ist von allen großen Städten Brasiliens die dunkelste; wie alles der Vergangenheit hat sie sich auch ihre alte Negerbevölkerung bewahrt und ist noch nicht in dem Maße wie die anderen durch europäischen Zustrom aufgefärbt worden. Und die Neger sind seit Jahrhunderten die treuesten, die eifrigsten, die leidenschaftlichsten Anhänger der Kirche gewesen, nur dass die Form der Gläubigkeit auch innerlich bei ihnen einen anderen Farbton aufweist. Für diese naiveren, durch Denkarbeit nicht belasteten neu getauften Afrikaner bedeutet die Kirche nicht einen Ort der inneren Sammlung, des stillen Insichversenkens; am Katholizismus lockte sie die Pracht, das Geheimnisvolle, das Farbige, das Üppige des Ritus und schon Anchieta berichtete vor vierhundert Jahren, dass die Musik das Beste an Bekehrung bei ihnen vollbringe. Und noch heute ist bei diesem gutmütigen, leicht in seinen Sinnen erregbaren Volk Religion mit Festlichkeit, mit Freude, mit Schauspiel unlösbar verbunden: jeder Umzug, jede Prozession, jede Messe hat für sie etwas Beglückendes.[381]

Zweig befindet sich in einer autoritär-väterlichen Position aus deren Perspektive heraus er das unmündige und naive ´schwarze` Kind in seinem Handeln beurteilt.

Charakteristisch schon für Bahia, wie dieser nirgendwo anders geübte Brauch [die Kirchenwaschung lavagem do Senhor do Bomfim] entstanden ist. Die

---

379 Zweig (1997): 265
380 Vgl.: Zweig (1997): 265
381 Zweig (1997): 268

> *Kirche des Bomfin war ursprünglich eine Negerkirche. Und anscheinend hatte einmal ein Priester der Gemeinde aufgetragen, es gehöre sich doch, am Tag vor dem Fest des Heiligen die Kirche gründlich zu reinigen und den Fußboden mit Wasser zu scheuern. Die schwarzen Christen nahmen den Auftrag gerne an; welche eine gute Gelegenheit für die ehrlich frommen Gemüter, dem Heiligen ihre Liebe und Ehrfurcht zu erweisen! Sie wollten natürlich besonders gut fegen und scheuern [...]. Aber gemäß ihrem kindlichen, naiven Gemüt verwandelte sich dies Reinemachen der Kirche (wie jeder religiöse Akt) zum Fest. Sie rieben und fegten um die Wette, als wollten sie ihre eigenen Sünden abwaschen [...].*³⁸²

Der Autor verweist immer wieder auf die ´rührende Primitivität`³⁸³ des sich ihm bietenden Schauspiels, die Erregung und ´sinnliche Lust`, die damit einhergehen. Die Gläubigen, die ekstatisch die Kirche putzen, erscheinen ihm als ´schwarze, tolle, tobende Teufel`.³⁸⁴ Besonders diskriminierend wirkt die Gleichsetzung des brasilianischen ´Negers` mit der Figur des Mephisto, die ja nicht nur das Andere, sondern vor allem das Böse repräsentiert. In seiner Charakteristik beschreibt er die Afrobrasilianer als beinah animalische Wesen³⁸⁵, die weniger durch ihren Verstand als vielmehr durch ihre Triebe gesteuert sind. Er betont ihre natürliche, lustgesteuerte und primitive Seite und knüpft damit an Wahrnehmungen der Moderne an, in der dem zivilisierten und modernen Leben der Nachindustrialisierung exotische und archaische Gesellschaften als Ausdruck von Authentizität und wahrhaftem Leben entgegengestellt wurden. Entsprechend schildert Zweig die Kochkünste der Frauen und das religiöse Treiben als magisch-archaische Rituale.

> *Abends, wenn man sie sieht in ihren dunklen Küchen, nur farbig erleuchtet von den Flammen, geheimnisvoll eifrig die sonderbaren Gerichte brauend, muss man an vorweltliche Zaubereien denken: nein es gibt nichts Pittoreskeres als die Negerinnen von Bahia [...].`*³⁸⁶

> *Aber das ist das Geheimnis von Bahia, dass hier noch von den Ahnen her sich das Religiöse mit dem Lusthaften im Blute geheimnisvoll verbindet, dass Erwartung oder monotone Bewegung besonders bei den Negern und Mischlingen solche unerwartete Rauschempfänglichkeit auslöst; nicht zufällig ist ja Bahia die Stadt der Candomblés und jener Macumba³⁸⁷, in der alte, blutige afrikanische Riten sich mit einem Fanatismus für das Katholische auf sonderbare Weise verbinden.*³⁸⁸

---

382   Zweig (1997): 269-270
383   Vgl.: Zweig (1997): 270
384   Vgl.: Zweig (1997): 272, 273
385   Wie schon Stephan Greenblatt in seinem Buch in Bezug auf die Berichte Jean de Lérys über Brasilien feststellt, verschmelzen hier Tierhaftigkeit und Wahnsinn zum übergreifenden Bild von Teufelsbessenheit, Vgl.: Greenblatt (1994): 28-29
386   Zweig (1997): 265-266
387   beide im Original kursiv geschrieben
388   Zweig (1997): 273

Auch hier wie in allem: was in Brasilien sonst schon vom Neuzeitlichen abgeschliffen, in seinen Ursprüngen verdeckt und vom Europäischen überwachsen ist – all das, das Urtümliche, das Bluthafte und Ekstatische, verschollene Seelenepochen, ist hier in Bahia in geheimnisvollen Spuren noch erhalten und in manchen seltenen Manifestationen spürt man noch hintergründig seine Gegenwart.[389]

Zweig verbindet mit dem Verhalten der Bahianer Zauberei, Vorweltlichkeit und Rausch, spricht von Riten, Urtümlichkeit, Ekstase und verschollenen Seelenepochen und klinkt sich damit in das typische Vokabular seiner von der Psychoanalyse Siegmund Freuds geprägten Epoche ein. Zeig stellt den Afrobrasilianer als Gegenpol zur Rationalität und Aufgeklärtheit seines eigenen kulturellen Umfeldes dar.

Seine Anwesenheit bei einer ´Macumba` kommentiert der Autor folgendermaßen: „Ich wusste in jedem Augenblick, dass all dies vorbereitet und gelernt war [...]."[390] In diesem Satz betont er seine Machtstellung, seine Autorität; er ist derjenige, der aus seiner wissenden Perspektive heraus das Urteil über die Authentizität der Zeremonie fällt. De facto kann er über diesen, ihm unbekannten Vorgang kein Urteil fällen, tut es aber, anstatt seine Unsicherheit in Bezug auf das Ritual dem Leser gegenüber einzugestehen.

Die Suche nach der Urwüchsigkeit Brasiliens scheint sich für den Autor bei seinen Besuchen der Zucker- und Tabakfelder im Norden des Landes zu erfüllen. Der Gewinnungs- beziehungsweise Herstellungsprozess der beiden Rohstoffe lässt ihn an ´alte Farbstiche aus dem Museum` denken, ein Gespann, welches ihm begegnet, erscheint ihm wie ´von anno 1600`.
Aber wie fühlt man verwundert (und wohltätig belehrt), einen wie schmalen Streif des Landes erst in Brasilien das Maschinelle und Neuzeitliche erfasst, wie viel noch hier alter Brauch ist, alte Formen, alte Methoden [...]. Aber welche Freude doch jedem Auge, das sich ermüdet an der Monotonisierung der Welt.[391]

Seine Befürchtung, nur ´mächtige stählerne Maschinen` und ´Automaten` vorzufinden[392], die den Verarbeitungsprozess übernehmen, bewahrheitet sich jedoch nicht, stattdessen sind es ´hunderte dunkelfarbige Mädchen`, die die Tabakblätter bearbeiten. Den unverarbeiteten Tabak assoziiert Zweig mit den Attributen ´nackt, negerhaft und unbekleidet`[393], wodurch er seinem Bild des Afrobrasilianers erneut auf sehr eindeutige und einseitige Weise Ausdruck verleiht.

---

389 Zweig (1997): 274
390 Zweig (1997): 274
391 Zweig (1997): 276
392 Vgl.: Zweig (1997): 276-277
393 Vgl.: Zweig (1997): 277

3.6. Resümee

In Bezug auf die drei Fragen, unter denen die Analyse des Buches vorgenommen wurde, kann zu folgendem Ergebnis gelangt werden:

Stefan Zweig sieht in Brasilien ein ´Land der Zukunft`, das sich vor allem durch das friedliche Zusammenleben unterschiedlichster Ethnien auszeichnet. ´Freie und ungehemmte Durchmischung`, staatsbürgerliche Gleichheit und Einheitlichkeit stellt Zweig im Land fest. Zudem zeichne sich die brasilianische Lebensart durch „eine unverstörte, unverstümmelte Humanität und ein friedliches Zufriedensein"[394] aus, was der Autor auf die ´Durchmischung`, die Größe des geographischen Raumes, sowie ein anderes Zeitgefühl und Klima zurückführt. Die Menschen erscheinen ihm dadurch weniger vehement und gereizt, stattdessen fröhlich und sanftmütig. Sie sind der Natur näher, insgesamt habe das ´Monotone`, ´Maschinelle` noch keinen so großen Einfluss auf die Lebensweise genommen: „[...] [Brasilien] ist eine Art Urzustand und Großvaterzeit. Wie wohl fühlt man sich aber in jeder die nicht an die heutige erinnert."[395]

Brasilien stellt sich als Antithese zu Europa dar. Die Hoffnungen, die Zweig für seine Heimat hegte, und die im Angesicht des Zweiten Weltkrieges verloren scheinen, projiziert er auf Brasilien. Harmonie und Üppigkeit findet er vor allem in der brasilianischen Natur. Das Niveau des brasilianischen Geisteslebens sowie der wirtschaftlichen Entwicklung und Leistungsfähigkeit hält er hingegen für unterentwickelt.

Gleichwohl präsentiert sich ihm Brasilien als Ort für die Lösung der europäischen Konflikte, als ein Ort, an dem eine ganz neue Zivilisation im Entstehen ist. Dass es sich bei seinen Beschreibungen in vielen Bereichen seines Buches um eine Traumvorstellung in Bezug auf Brasilien handelt, dem Zweig offenbar seit seiner Kindheit folgt, spricht er selbst an.[396] Das Brasilien Zweigs ist der Traum von seinem Traum von Humanität und Pazifismus.

Um sein Wunschbild von Brasilien aufrechterhalten zu können, ignoriert Stefan Zweig bestimmte Tatsache der brasilianischen Geschichte und Gegenwart. Er geht bei seiner Analyse der brasilianischen Verhältnisse beschönigend vor oder setzt bestimmte Akzente, die seine These vom ´Land der Zukunft` untermauern sollen. Beispielsweise betont er die Rolle der Jesuiten in der brasilianischen Geschichte, deren Funktion in seinem Buch es ist, die Nationalisierungsbestrebungen vom frühesten Beginn der brasilianischen Geschichte an zu beweisen. Der Autor übergeht die faschistisch-diktatorische Ausrichtung und die antisemitischen Tendenzen des modernen Brasiliens. Kriegerische Auseinandersetzungen und die

---

394 Zweig (1997): 153
395 Zweig an Friderike Zweig (29.9.1941), In: Unrast der Liebe (1981): 278
396 „Brasilien war für mich von jeher eine magische Ferne", Zweig: Dank an Brasilien, In: Zweig (1937): 166

allgegenwärtige Armut relativiert er, die Existenz einer sozialen, gesellschaftlichen Schichtung stellt er zwar fest, misst ihr allerdings in seinen Ausführungen nicht die gleiche negative Bedeutung und Auswirkung wie in anderen Ländern zu.

Die Vorbildlichkeit, mit der die Probleme des Landes durch die Regierung angegangen werden, betont er hingegen immer wieder, um seine Idee vom Aufbau einer neuen und humanen Zivilisation zu unterstreichen. Auch die verallgemeinernden Charaktermerkmale der brasilianischen Bevölkerung, der historischen Helden und Brasiliens selbst dienen dazu, seine These von der in Brasilien herrschenden Konzilianz, Humanität, Toleranz und gegenseitiger Verständigung zu betonen und damit seine Vorbildfunktion für den Rest der Welt zu legitimieren.

Gleichzeitig hat die Negierung bestimmter eigenständiger Entwicklungen, zum Beispiel jene im kulturellen Bereich, die Funktion, Brasilien nicht aus seiner ´Zukunftsrolle` entkommen zu lassen. Brasilien als gleichwertiges Gegenüber in bestimmten Bereichen wahrzunehmen würde die eurozentristische Weltwahrnehmung Zweigs beeinträchtigen und das europäische Eigene dem brasilianischen Fremden unterordnen. Zweig klammert außerdem von vornherein die Vorstellung von Brasilien als einem Konkurrenten[397] aus, der - sollten sich alle Prophezeiungen des Autors für das Land erfüllen - einen einflussreichen Machtfaktor im internationalen Gefüge, möglicherweise auch zu Ungunsten Europas, darstellen könnte.

Im konstruierten Brasilienbild Zweigs besteht allgemein ein Paradox zwischen dem realen Brasilien und der Idealvorstellung des Autors vom verlorenen Paradies, einem noch ungeformten Ort für den Aufbau einer ganz anderen Welt.

> *Natürlich waren dies* [Zweigs Ausführungen zum Brasilianischen] *nicht mehr als Hirngespinste, und um als Demonstrationsobjekt für fehlende Rassendiskriminierung oder die überlegene Geltung von literarischer Leistung im Alltag herzuhalten, erwies sich Brasilien rasch als ebenso ungeeignet wie vordem Wien, Österreich-Habsburg oder Europa. Ohnedies vermögen Zweigs Äußerungen über Brasilien niemals den Verdacht gänzlich zu entkräften, als habe er sich selbst ein wenig von der Sichtweise dieses Landes überzeugen müssen, die mit der Realität, beziehungsweise dem brasilianischen Selbstverständnis tatsächlich kaum in Übereinstimmung zu bringen waren.*[398]

Den Anfang des Brasilien-Buches bilden einige Ausführungen, in denen Zweig für eine Neusicht der Europäer auf Brasilien plädiert und sich gegen den ewigen Kolonialstatus außereuropäischer Länder im geistigen Sinn ausspricht. Er geht außerdem auf das Problem ein, dass der Reisende bei

---

397 Obwohl er ja offensichtlich in seiner Weltkonzeption von nur drei globalen Größen ausgeht: Europa, Nordamerika und Brasilien.

398 Henze, Volker: Jüdischer Kulturpessimismus und das Bild des Alten Österreich im Werk Stefan Zweigs und Joseph Roths, Heidelberg (1988): 340

seiner Begegnung mit dem Fremden bestimmte Bilder und Konstrukte schon vorgefertigt in seinem Gepäck mit sich trägt. Ebenso wehrt er sich dagegen, gewisse, in der ´zivilisierten` Welt positiv konnotierte Begriffe, zur Beschreibung und Wertung des Anderen, das er in Brasilien findet, einzusetzen. Zweig versucht offensichtlich, sich aus einem eurozentristischen und kolonialen Denken herauszulösen, betreibt aber durch bestimmte rhetorische Strategien im Folgenden eine Konstruktion von Kultur, die der Abwertung des Brasilianischen und dem gegenüber der Aufwertung des Europäischen dient. Gleichzeitig geht es ihm darum, die Vorbildfunktion Brasiliens herauszustellen, wodurch er in zwei ambivalente Argumentationsstränge verfällt: einem ständigen Auf- und Ab zwischen extrem positiver Hervorhebung brasilianischen Potentials und menschlicher Tugenden und der Einschränkung derselben.

So lobt er einerseits die zunehmende Emanzipation des Landes, verweist aber gleichzeitig auf seine (rein europäischen) Wurzeln und die noch andauernde Abhängigkeit des Landes von Europa in wirtschaftlicher, gesellschaftlicher und kultureller Hinsicht. Er ist begeistert von der fehlenden rassistischen Haltung im Land, um sodann selbst ein rassistisches Vokabular in seinen Beschreibungen zu integrieren, wenn auch teilweise in der Form eines ´positiven Rassismus`.

Auch in der Bewertung von Natur- beziehungsweise Kulturerscheinungen Zweigs lässt sich keine klare Linie ausmachen. Einerseits lehnt er den Hang zur technischen und maschinellen Perfektion in Europa und Nordamerika ab und verweist auf die negativen Auswirkungen allzu straffer Organisation und strenger Pflichterfüllung, andererseits mahnt er die brasilianische Rückständigkeit an, die er über das Fehlen eben dieser Eigenschaften definiert. Dann wieder bildet gerade die weiblich konnotierte Naturhaftigkeit des Landes die Grundlage seines Schwärmens und der Entspanntheit und Harmonie, die Zweig in Brasilien erfährt. Gleichermaßen gerät er aber auch angesichts technischer Präzision und wissenschaftlichen Fortschritts in Verzückung. Der Grund für sein paradoxes Natur-,beziehungsweise Kulturverhältnis liegt darin begründet, dass Zweig im Fremden das Eigene in Form der europäischen Kultur entdeckt. Dazu gehören eine nach zivilisiertem Vorbild domestizierte Natur und die fortschrittliche und technische Entwicklung im Land, wie Zweig sie beispielsweise für São Paulo beschreibt. Die Lebenshaltung dort scheint ihm bekannt, er identifiziert sich mit ihr. Gleichzeitig aber erkennt er im Fremden eine Antithese zum Eigenen. In dieser Variante steht dann die brasilianische Natur der Kultur und Zivilisation Europas gegenüber – Zweig grenzt beide Kulturen voneinander ab, um sie anschließend gegeneinander ausspielen zu können.

Man könnte versuchen, diese Ambivalenz im Zweigschen Natur-, Kulturverhältnis durch die Einführung einer Art Zwischenzustand zu lösen. In diesem wäre dem geographischen Raum Brasilien und dem Kollektiv der armen afrobrasilianischen Bevölkerung der Naturpart zugeordnet. Diesen beschreibt Zweig eher mit weiblich konnotierten Eigenschaften und solchen Ausdrücken wie primitiv, einfach oder naiv. Handlungen in diesem Bereich ordnet der Autor eher dem Emotionalen, Seelischen, als dem Verstandesmäßigen im Menschen zu.

Dem gegenüber stehen Europa und Nordamerika als Verkörperung von Zivilisation. Ihnen ordnet Zweig eine männliche, rationale, durchsetzungsfähige und selbstbestimmte Disposition zu. Den meinerseits eingeführten Zwischenzustand, der sich aus der ambivalenten Haltung Zweigs heraus ergibt, bildet das ´kultivierte` Brasilien mit seinen Städten wie Rio und São Paulo mit seiner europäisch beeinflussten, kulturinteressierten, aber gleichzeitig naturnahen Bevölkerung. Parallel gehören auch Österreich im Allgemeinen, sowie Wien im Besonderen, in diesen Zwischenzustand, beide unterscheidet Zweig bezüglich ihrer Lebenshaltung klar vom restlichen Europa. Signifikante Schlagwörter für diesen Bereich sind unter anderem Begriffe wie Humanität, Konzilianz und Toleranz, ebenso eine pazifistische, lebensbejahende Haltung.

Meine These lautet nun, dass Zweig in seinem Buch nicht Brasilien als Ganzes, sondern diesen beschriebenen Zwischenzustand zwischen Natur und Kultur (der nur einen Part des Brasilianischen und Brasiliens berücksichtigt) als vorbildhaftes Gegenstück zu Europa einsetzt.

Während die anderen Reisenden die Natur über die Zivilisation stellen und dem Land den Status einer >Landschaft< zuweisen, versichert Zweig sogleich, dass in Brasilien dank einer äußerst glücklichen Kombination eine andere, faszinierende Zivilisation hervortrete (eine pittoreske womöglich?), die mit der üppigen Natur eng verbunden sei.[399]

Dieses Vorgehen verweist auf die Konstrukthaftigkeit des Brasilienbildes, das Zweig dem Leser in seinem Buch präsentiert. Seine Blickinszenierung schwankt zwischen zwei ambivalenten Funktionen: einerseits soll sie eine Antithese bieten, andererseits geht es darum, die bestehenden hierarchischen Verhältnisse zwischen den beiden Kulturen zu sichern. Brasilien muss einerseits genügend Potential bieten, um als ´Land der Zukunft` überzeugen zu können. Es darf aber andererseits keinesfalls auf die gleiche Stufe mit Europa gestellt werden, um dessen kulturelle Vormachtstellung nicht zu gefährden.

Die Betonung des Vorbildcharakters Brasiliens erzielt Zweig durch eine Reihe rhetorischer Mittel, so zum Beispiel durch ein starkes Kontrastierungsprinzip vom Brasilianischen und Europäischen; ebenso durch die extreme Überbetonung des Schönen und Guten im Land und in den Menschen. Der Mensch wird dadurch nicht als Individuum beziehungsweise Person, sondern als reines Objekt der Identifikation gewertet. Auch die exotische Sichtweise, die das ganz Andere, Unbekannte im Fremden betont, unterstützt dieses Argumentationsschema.

---

[399] Jatahy Pesavento, In: Chiappini/Zilly (2000): 60-61

Des Weiteren kann auf die Hervorhebung bestimmter historischer Personen und Vorgänge des Landes und die Akzentuierung immer wieder ähnlicher Eigenschaften verwiesen werden, die das Zweigsche Brasilienbild mitkonstruieren. Aus der Retrospektive füllt der Autor die Geschichte so mit neuem Inhalt, der die Rezeption des Lesers lenkt und auf Zweigs Intention, Brasilien als Gegenbild einzusetzen, hinausläuft. Relativierend und beschönigend geht der Autor in Bezug auf negative Aspekte vor, wodurch auch sie sich schlussendlich in das positiv aufgeladene, paradiesische Bild des Landes einfügen.

Rhetorische Strategien, die Zweig zur Sicherung des Eigenen anwendet, sind zum Beispiel der dauernde Verweis auf die europäischen Wurzeln Brasiliens und die Aberkennung völliger Gleichwertigkeit. Dazu gehören die Abwertung der brasilianischen Leistung in gesellschaftlicher, kultureller, ökonomischer und technischer Hinsicht und die Betonung des Zukunftscharakters und der Entwicklungsfähigkeit Brasiliens. Zweig setzt sich nicht mit dem Land als Land an sich auseinander, sondern betrachtet es immerzu unter dem Gesichtspunkt seines Nutzens für Europa, insbesondere in seiner Rolle zu Rettung des Europäischen. Zwar geschieht dies in Form einer neuen Zivilisation, aber auf der Basis einer aus Europa importierten und durch Europäer geformten Kultur.

Die charakterlichen Eigenschaften, die Zweig den Brasilianern zuschreibt, passen in beide Argumentationsstränge: sie verweisen einerseits auf ein humaneres Naturell des Brasilianers gegenüber dem Europäer, andererseits prädestiniert es ihn für eine von außen aufoktroyierte Erziehung und Formung, ja fordern diese fast schon heraus.

Stefan Zweig neigt dazu historische Vorgänge so zu beschreiben, als wüsste er genau, was in den beteiligten Personen emotional vorgegangen sein muss. Meist scheint es sich dabei jedoch eher um die Reaktion des Autors selbst zu handeln. Seine offensichtlich eigenen Interpretationen stellt Zweig dem Leser als objektive Wahrheiten vor, womit er sich in die Position eines autoritären Erzählers erhebt, der den Betrachter manipulativ für seine Thesen einnimmt und dessen Rezeption gezielt lenkt.

Dazu gehört auch, dass bestimmte Dinge explizit nicht genannt oder ausgeführt werden und dadurch Leerstellen entstehen, die der Leser selbst füllen muss. Auch seine Konstruktion des zyklischen Prinzips der geschichtlichen Vorgänge in Brasilien dient als Mittel dazu, den Leser zu einem bestimmten Blick auf das Land zu veranlassen und ihn dadurch von der Ansicht des Autors zu überzeugen.

Ambivalenzen in seiner Wahrnehmung von Brasilien thematisiert Zweig nicht. Widersprüchlichkeiten, mit denen er konfrontiert ist, mildert er soweit ab, dass sie sich problemlos in sein vertretenes Konzept einfügen lassen. Nichtverstehen äußert der Autor höchsten in Form von Erstaunen gegenüber dem Anderen[400], als Zeichen instinktiver Anerkennung von Verschiedenheit und als Ausdruck für alles, was nicht verstanden oder nur mit Mühe geglaubt werden kann.[401]

Die Beschreibung Brasiliens gibt letzten Endes vor allem Auskunft über die Vorstellungen und Mentalität des Autors selbst und stellt sich als ein kommunikatives Gebilde aus ineinanderfliessenden Diskursen dar. Durch den Versuch das Andere zu erfassen, setzt sich Zweig weniger mit der Realität Brasiliens, sondern vielmehr mit seinem eigenen kulturellen Hintergrund, seiner Identität als Europäer, seinen Idealen und dem europäischen Dilemma der Kriegszeit auseinander.

---

400   Vgl.: Zitate S: 5, 16 in dieser Arbeit und S: 162 im Buch
401   Vgl.: Greenblatt (1994): 36

4. Einflussfaktoren für die Sicht Stefan Zweigs auf Brasilien

Die im Folgenden angeführten Faktoren sind prägend für die Denkweise Stefan Zweigs, implizit führt der Autor ein Aufgebot an europäischer Traditionen und Vorstellungen mit sich, die Einfluss auf seine Wahrnehmung der brasilianischen Verhältnisse und damit seine Beschreibungen im Buch nehmen.

4.1. Der österreichisch-ungarische Vielvölkerstaat

Schon im Vormärz entwickelte sich im österreichisch-ungarischen Vielvölkerstaat innerhalb der einzelnen, in die österreichische Monarchie integrierten Ethnien ein um sich greifender Nationalismus.

Nach 1866[402] ließ sich die Unterdrückung nationaler Strömungen nicht mehr wie in den Zeiten des Absolutismus verwirklichen, was zu innenpolitischer Instabilität führte, die sich nur durch die Führungsleistung des österreichischen Liberalismus überdecken ließ. Bis zu diesem Zeitpunkt lag die Basis der Herrschaft vorwiegend in den Händen der Deutsch-Österreicher. Ab 1867 kam es durch die Installation einer gleichberechtigten Doppelmonarchie zu einem Ausgleich zwischen den beiden dominierenden Nationalitäten im Reich, den Deutschen und den Ungarn. Die Habsburgmonarchie bestand von da an de facto aus zwei Reichshälften, der Cisleithanischen und der Transleithanischen – wobei weder die Deutschen noch die Ungarn willens waren, Dominanz und Privilegien mit den anderen Nationen in den jeweiligen Gebieten zu teilen.[403] Vor allem die Ungarn betrieben eine vehemente Magyarisierungspolitik und bildeten eines der Haupthindernisse dafür, dass andere Nationalitäten, wie insbesondere die Tschechen[404], in die Verfassung eingebunden wurden. Diese verweigerten daraufhin durch die so genannte Abstinenzpolitik jegliche Teilnahme am politischen Geschehen. Stattdessen orientierten sie sich in steigendem Maße an Russland und der Idee des Panslawismus. 1871 änderte der Kaiser den Kurs seiner Regierung und strebte eine Art Ausgleich mit Böhmen an.

---

402 Niederlage der Österreicher im Deutschen Krieg, wonach Österreich aus dem Deutschen Bund und damit von der Mitwirkung bei der Bildung eines deutschen Nationalstaates ausgeschlossen wurde. Damit war der Weg zur „kleindeutschen Lösung" des Kaiserreichs von 1870/71 frei.

403 Die Cisleithanisch-Deutsche Reichshälfte bestand zu 35,6 % aus Deutschen, denen 23 % Tschechen, 17,8 % Polen, 12,6 % Ruthenen (Ukrainer), 2,7 % Slowenen und 1,0 % Rumänen gegenüberstanden. In der Transleithanisch-Ungarischen Hälfte setzte sich die Bevölkerung aus 48,1 % Ungarn, 9,8 % Deutschen, 9,4 % Slowaken, 14,1 % Rumänen, 8,8 % Kroaten und 5,3 % Serben zusammen, Vgl.: Vocelka, Karl: Geschichte Österreichs. Kultur – Gesellschaft – Politik, Graz/Wien/Köln (2000): 235

404 Diese forderten die Anerkennung des böhmischen Staatsrechts, die Einheit der böhmischen Länder, außerdem die gleichen Privilegien, wie sie Ungarn durch den österreichisch-ungarischen Ausgleich zuteil geworden waren.

Allerdings sahen sich die Deutsch-Liberalen, beziehungsweise in ihrer die Nachfolge die Deutschnationalen, nun um ihre Bemühungen hinsichtlich einer deutschen Vorherrschaft in der Habsburgmonarchie betrogen – weshalb der Ausgleich nicht zustande kam. Auf tschechischer Seite begann sich daraufhin zunehmend die Idee einer Tschechoslowakischen Republik zu etablieren. In der Ungarischen Reichshälfte führte die nationale Dominanz der Ungarn über die Slowaken zu einem Bündnis mit den Tschechen, das 1918 zur Gründung der Tschechoslowakei führte. Auch die südslawischen Gebiete stellten in der Doppelmonarchie ein Problem dar: Unter den Slowenen, Kroaten und Serben entstand eine Bewegung, der Jugoslawismus, die entweder zur Autonomie innerhalb der Habsburgmonarchie oder aber zum Zusammenschluss mit dem Königreich Serbien[405] und der dort regierenden nationalen Dynastie führen sollte. Aber auch hier machten sich Spannungen unter den klerikal ausgerichteten Slowenen, den gegenüber der Monarchie loyalen, katholischen Kroaten und den orthodoxen Serben breit. Die ebenfalls im Vielvölkerstaat lebenden Italiener identifizierten sich in der Regel mit ihrem außerhalb der Habsburgmonarchie liegenden unabhängigen Staat – nach der Abtretung der Lombardei und Venetiens an Italien verblieben Trento und Trieste, wo sich eine Unabhängigkeitsbewegung formierte.

Im Kronland Polen, beziehungsweise in den usurpierten Gebieten Galizien und Lodomerien, bildeten die überwiegend adeligen Polen die herrschende Schicht über die unterdrückten Ruthenen (Ukrainer). Durch ihre Beteiligung am politischen System der Monarchie erreichten die Polen im Gegensatz zu den Tschechen die Bewilligung einer Reihe von Sonderprivilegien; unter anderem überließ man ihnen in Galizien freie Hand. Auch in Polen war die Loslösung vom Vielvölkerstaat und die Wiederherstellung eines eigenen, unabhängigen Reichs das oberste Ziel.[406]

Gegenüber dieser unruhigen, vor nationalistischen Bestrebungen brodelnden Realität spricht Zweig von den Vorteilen und der Harmonie des Zusammenlebens im österreichisch-ungarischen ´Meltingpot` – seine idealistische Sicht der Dinge fließt unübersehbar in sein literarisches Schaffen ein.

> *[E]s war lind, hier* [in Wien] *zu leben, in dieser Atmosphäre geistiger Konzilianz, und unbewusst wurde jeder Bürger dieser Stadt zum Übernationalen, zum Kosmopolitischen, zum Weltbürger erzogen*[407]

> *Überall spürte man dank der Nationaltrachten, die frei und unbekümmert getragen wurden, die farbige Gegenwart der Nachbarländer. Da waren die ungarischen Leibgarden mit ihren Pallaschen und ihren verbrämten Pelzen, da waren die Ammen aus Böhmen mit ihren weiten bunten Röcken, die burgenländischen Bäuerinnen mit ihren gestickten Miedern und Hauben [...] All das ging in seiner*

---

405 Seit 1878
406 Vocelka (2000): 238
407 Zweig: Die Welt von Gestern (1941): 20

heimischen Tracht in Wien herum, genau so wie in der Heimat; keiner empfand es als ungehörig, denn sie fühlten sich hier zuhause, es war ihre Hauptstadt, sie waren darin nicht fremd, und man betrachtete sie nicht als Fremde.[408]

Arm und Reich, Tschechen und Deutsche, Juden und Christen, wohnten, trotz gelegentlicher Hänseleien friedlich beisammen, und selbst die politischen und sozialen Bewegungen entbehrten jener grauenhaften Gehässigkeit, die erst als giftiger Rückstand vom ersten Weltkriege in den Blutkreislauf der Zeit eingedrungen war.[409]

Die Mehrheit der österreichischen Juden fühlte sich im österreichischen Staatsgefüge als Teil des „Deutschtums" und damit den Deutschliberalen gegenüber verpflichtet. In der Folge der Ablösung des Liberalismus bildete sich unter anderem die deutschnationale Partei heraus, die in Organisation und Ziel am ehesten den Deutschliberalen vergleichbar war. Als deren Ideal galt die Ausbildung eines deutschen Nationalstaates durch den Zusammenschluss mit dem Deutschen Reich.[410]

Nach der Kriegserklärung 1914 geriet Österreich-Ungarn zunehmend in eine militärische Abhängigkeit vom Deutschen Reich, was zunächst zu steigenden wirtschaftlichen Belastungen und wachsenden Unabhängigkeitsbewegungen der Völker der Habsburgmonarchie, nach dem militärischen Zusammenbruch 1918 schließlich zum endgültigen Zerfall des Vielvölkerstaates führte.

4.2. Europa in der Zeit zwischen den beiden Weltkriegen

Nach dem Ende des Ersten Weltkrieges wurde im November 1918 die Republik Österreich ausgerufen, womit auch ohne eine offizielle Abdankung des Kaisers Karl I. das Ende der Habsburgmonarchie gekommen war. Das Land erwog einen Anschluss an die deutsche Republik, was aber entsprechend dem Versailler Vertrag verboten war. So entstand ein „Staat wider Willen"[411], ein Wechsel vom Groß- zum Kleinstaat, von der Monarchie zur Republik.

Seine Sichtweise auf die zeitgeschichtlichen Ereignisse bringt Stefan Zweig folgendermaßen zum Ausdruck:

[N]ie war so viel Gläubigkeit in Europa wie in den ersten Tagen des Friedens. Denn jetzt war doch endlich Raum auf Erden für das lang versprochene Reich der Gerechtigkeit und Brüderlichkeit, jetzt oder nie die Stunde für das gemeinsame Europa, von dem wir geträumt. Die Hölle lag hinter uns, was konnte nach ihr uns noch erschrecken? Eine andere Welt war im Anbeginn. Und da wir jung waren,

---

408 Zweig: Das Wien von Gestern, Vortrag. Paris 1940, In: Zweig (1943): 143-144
409 Zweig: Die Welt von Gestern (1941): 32
410 Vgl.: Vocelka (2000): 244
411 Teils aus ideologischen Gründen, teils aus wirtschaftlichen und politischen Gründen., Vgl.: Vocelka (2000): 275-276

sagten wir uns: es wird die unsere sein, die Welt die wir erträumt, eine bessere, humanere Welt.[412]

Stärkste Partei nach 1918 wurden die Sozialdemokraten, deren Ziel vor allem die Schaffung einer Gegenkultur zu der kapitalistisch-bürgerlich geprägten Hochkultur war, was durch umfangreiche Sozialmaßnahmen, zum Beispiel den Wohnungsbau betreffend, erreicht werden sollte. Neben dieser modernen, meist atheistischen Grundhaltung vieler Parteimitglieder führte nicht zuletzt der fehlende Antisemitismus im Parteiprogramm zu Konflikten mit den konservativen Parteien im Staat.

In den folgenden Jahren kam es zu innenpolitischen Spannungen zwischen den sozialistischen, christlich-sozialen und faschistischen Tendenzen in der Bevölkerung, die sich zum Beispiel in der Bildung von Wehrverbänden, in denen eine antimarxistische und antidemokratische Linie herrschte, oder dem sozialdemokratisch orientierten Republikanischen Schutzbund ausdrückten. Ab 1930 verstärkten sich in Österreich vor allem die faschistischen, aber auch nationalsozialistische Tendenzen. Es folgte die Phase einer austrofaschistischen Diktatur[413] unter dem Christlichsozialen Engelbert Dollfuß, der seine sozialdemokratischen Gegner mit Gewalt beseitig hatte und schließlich 1934, nach einem Putsch der Nationalsozialisten, ermordet wurde. Unter seinem Nachfolger Kurt Schuschnigg fand im März 1938 unter dem Druck Deutschlands der Anschluss Österreichs an das Deutsche Reich statt, der schließlich die Machtübernahme der Nationalsozialisten ermöglichte.

In Österreich selbst waren die nationalsozialistischen Tendenzen bereits so stark, dass ein großer Teil der Bevölkerung sich positiv gegenüber dem Zusammenschluss zeigte und Widerstände von den Nationalsozialisten unterdrückt wurden. Österreich wurde damit zur Ostmark und verschwand für die nächsten sieben Jahre als eigenständiger Staat.

4.3. Die kulturelle Prägung Stefan Zweigs

Stefan Zweig entstammte der Wiener Großbourgeoisie, die neben dem höheren Beamtentum und dem Adel die „zweite Gesellschaft" in der Habsburgmonarchie darstellte. Diese Klasse schloss sich gegenüber den Unterschichten streng ab, Bildung und die Teilnahme an den Erzeugnissen der Hochkultur hatten einen hohen Stellenwert und galten als Statussymbol.[414]

---

412   Zweig: Die Welt von Gestern (1941): 292
413   Dollfuß ließ die sozialdemokratische Partei, den sozialdemokratischen Schutzbund und die Kommunistische Partei auflösen und setzte die Heimwehrverbände als eine Art Hilfspolizei ein. Er regierte mit Hilfe von Notverordnungen und strebte die Errichtung eines Ständestaates mit einer Führerperson an der Spitze an , Vgl.: Vocelka (2000): 290; 292
414   „[D]er erste Blick eines Wiener Durchschnittsbürgers in die Zeitung galt allmorgendlich nicht den Diskussionen im Parlament oder den Weltgeschehnissen, sondern dem Repertoire des Theaters, das eine für andere Städte kaum begreifliche

Die Kultur war zunehmend [...] eine im Wesentlichen bürgerliche und auf einigen Gebieten, vor allem dem der Literatur, eine spezifisch vom (Assimilations-) Judentum geprägte. [...] Diese großbürgerliche Welt [...] war aufgebaut auf der Not großer Massen von Arbeitern, war eine Scheinwelt über dem Abgrund, die 1918 mit dem Untergang der Habsburgmonarchie ebenfalls vergehen sollte [...].[415]

Nach dem Ende der Monarchie veränderte sich in politischer und ökonomischer Hinsicht einiges für die Österreicher, im kulturellen Bereich dagegen wenig. Trotz der sozialdemokratisch-gegenkulturellen Bewegung in Wien stellte das Jahr 1918 für die bürgerliche Hochkultur keine Zäsur dar, der überwiegende Teil an kulturellen Werten und Ausdrucksformen blieb bestehen. „[...] Die kleine Republik verwaltete und betonte das Erbe der Monarchie: War man schon keine Großmacht im politischen Sinn, so doch wenigstens eine kulturelle."[416]

Das Leben unter der Habsburgmonarchie wurde von Stefan Zweig als „[...] die goldene Zeit der Sicherheit"[417] beschrieben. Seiner Nostalgie für die Vergangenheit und für das Ende der Monarchie verleiht er vor allem in seiner Autobiographie Ausdruck.
Ein umfassender Bruch im kulturellen Leben Wiens erfolgte erst 1938 durch die Vertreibung und Vernichtung der meist jüdischstämmigen Intelligenz, die gleichzeitig die Vernichtung eines bedeutenden Teils des kulturellen und wissenschaftlichen Lebens der Zwischenkriegszeit bedeutete.

4.4. Humanistisches Ideal und jüdische Abstammung Stefan Zweigs
Stefan Zweig sah sich als Vertreter eines geistig geprägten Humanismus, als dessen Hauptmerkmal die Lebensgestaltung auf der Basis von menschlicher Würde und freier, unabhängiger und individueller Persönlichkeitsentfaltung galt. Literarische und ästhetische Bildung wurden als Grundlagen für die so propagierte Menschlichkeit gesehen.
Was Zweig ideologisch-totalitären Ansprüchen entgegenzusetzen hatte, war die Besinnung auf die gemeinsame Kulturleistung der Menschheit, die der Versöhnung und geistigen Läuterung der Jugend zugedachte Forderung, die herkömmliche national betonte Geschichtsschreibung mit ihrer Kriegsthematik durch eine universale abzulösen, die primäre dem humanisierenden Fortschritt in der

---

Wichtigkeit im öffentlichen Leben einnahm.", Zweig: Die Welt von Gestern (1941): 22
415   Vocelka (2000): 259-260
416   Vocelka (2000): 305
417   Zweig: Die Welt von Gestern (1941): 8

Entwicklung des menschlichen Erkenntnisvermögens, der zivilisatorischen und künstlerischen Leistungen gelten sollte.[418]

Zweig trat ein für die Idee eines geeinten Europas. Durch seine Herkunft und seinen Beruf als Schriftsteller bekam er schon früh Zugang zu den intellektuellen Zirkeln Europas, was ihn in seinem Gefühl stärkte, Europäer und freier Weltbürger zu sein. Der erste Weltkrieg brachte jedoch einen eklatanten Bruch mit Zweigs bisherigem Leben und die Widerlegung seiner ideellen Werte, die sein Werk und seine persönlichen Verbindungen prägten, mit sich.

Zweig zeigte bis auf einige Versuche[419] weder wirkliches öffentliches Engagement noch literarischen beziehungsweise politischen Aktivismus. Trotzdem er sich der Verantwortung von Intellektuellen und Künstler gegenüber der Gesellschaft bewusst war, übte er sich in politischer Zurückhaltung.
Seine politische Position drückte Zweig in seiner Rolle als Vermittler zwischen den westeuropäischen Literaturen aus, die ihm zur Rechtfertigung seiner Existenz diente.[420] Die pazifistisch-humanistische Gesinnung Zweigs spielte aber in seine Haltung wie auch in seine Werke hinein und gab damit sehr wohl Auskunft über den politischen Standpunkt, den der Autor gegenüber dem zeitlichen Geschehen einnahm. Die Personen seiner historischen Biographien und auch „Brasilien. Ein Land der Zukunft" dienten als bewusste Gegenbilder zu seiner eigenen Realität.

[I]m Erasmus gibt Zweig seine geistig-politische Standortbestimmung, im Castellio geht er zum Angriff gegen die Gewaltherrschaft der Zeit über. Im Montaigne-Essay zuletzt bleibt der Skeptizismus gegen alle einseitigen Forderungen von außen zur Bewahrung des freien Ich übrig. [...] Der Erasmus verkörpert Grundüberzeugungen Zweigs seit seiner Frühzeit: das Maß der Mitte, die Hoffnung auf Fortschritt durch Aufklärung, die Überzeugung von der Lösbarkeit aller Konflikte durch die Vernunft, den Willen zur Verständigung, bewusstes Europäertum und Kosmopolitismus; die Ablehnung aller Fanatismen, aller ausschließlichen, einseitigen religiösen oder politischen Bekenntnisse.[421]

Der vom Autor praktizierte 'humanistische Kosmopolitismus` kann aus Zweigs Judentum heraus verstanden werden. Das Gefühl von Marginalität,

---

418 Matthias, Klaus: Humanismus in der Zerreißprobe. Stefan Zweig Im Exil, In: Durzak, Manfred (Hrsg.): Die deutsche Exilliteratur 1933-1945, Stuttgart (1973): 294
419 Beispielsweise sein Engagement für die anfänglich international und unpolitisch ausgerichtete Zeitung „Clarté" (um 1919)
420 Vgl.: Matthias, In: Durzak (1973): 291
421 „Triumph und Tragik des Erasmus von Rotterdam" (1934), „Castellio gegen Calvin oder Ein Gewissen gegen die Gewalt" (1936), „Europäisches Erbe" (1960), darin „Montaigne"), Matthias, In: Durzak (1973): 300-302

des ´Nicht-ganz-dazu-gehörens` in der österreichischen Gesellschaft wurde durch das gelebte Weltbürgertum abgelöst.[422]

Zweig celebrated the concept of Jews wandering the earth without a homeland of their own and therefore at home everywhere, the idea that had served as a basis of his own lifestyle.[423]

Zweig verflocht in seinem Denken und seinem Lebensstil die beiden Welten von Europäer- und Judentum beziehungsweise verdrängte das zweite zu Gunsten des ersten, obschon jüdische Motive Eingang in sein Werk fanden.[424] Er bezog aber nie öffentlich Stellung zu den nationalsozialistischen Handlungen gegenüber den Juden.[425] Wie er selbst erklärte, unterließ er dies um die Situation der jüdischen Bürger in Deutschland und Österreich nicht weiter zu verschlechtern. Die jüdische Tragödie sah er als Teil der Tragödie Europas.[426]

Die Mehrheit des jüdischen Assimilationsbürgertums war fest verankert im „Zeitalter der Sicherheit" der Habsburgmonarchie. Die meisten Familien sahen sich als Teil des Staates, waren in der Regel kaisertreu und Verfechter international-humanistischer und kultureller Ideen im Vielvölkerstaat. Das Zweigsche ´Übersehenwollen` der Realität im Vorkriegsösterreich sowie später auf seinen Reisen nach Russland und Brasilien wird oft als typisch für die Mentalität in der Doppelmonarchie und unter den in ihr lebenden Juden dargestellt.[427] Die Machtübernahme Hitlers löste jedoch auch bei Zweig eine Krise aus, die ihn an seiner Rolle als supranationaler Europäer zweifeln ließ und eine Annäherung an seine jüdische Abstammung sowie an zionistische Ideen bewirkte.

4.5. Die Exilsituation

Stefan Zweig war in der Vor-, und Zwischenkriegszeit als unermüdlicher Reisender in Europa, Russland, Indien und auf dem amerikanischen Kontinent unterwegs gewesen. Seine Orientierung war eine kosmopolitische, ausgerichtet auf völkerverbindende Humanität und geistige Unabhängigkeit. Diese Zweigschen Ideale wurden durch die europäischen Nationalbestrebungen, die zum Ausbruch des ersten Weltkrieges führten,

---

422 Vgl.: Pazi, Margarita: Stefan Zweig, Europäer und Jude, In: Modern Austrian Literature, Special Stefan Zweig Issue, Volume 14, Number 3/4 (1981): 296
423 Daviau, Donald: Stefan Zweig: A Model an Victim of the Impressionistic Lifestyle of the Fin de Siècle, In: Gelber/Zelewitz (1992): 180
424 Im Schnee (1902), Jeremias (1915-17), Buchmendel (1930), Der begrabene Leuchter (1937)
425 Stefan Zweig konnte sich anfangs sogar noch für den Nationalsozialismus begeistern und nannte die Deutsch-Jüdischen Beziehungen ´vorbildlich in ihrer Sachlichkeit`, Vgl.: Pazi (1981): 304
426 Vgl.: Zohn, Harry: Der tragische Lebensabend eines großen Europäers: Zu Stefan Zweigs Briefen aus dem Exil, In: Gelber/Zelewitz (1992): 131
427 Vgl.: Pazi (1981): 293

grundlegend erschüttert und der Autor mit dem „geistigen Exil" im eigenen Land konfrontiert. Von 1917 bis 1919 hielt sich Zweig in der Schweiz auf, im „[...] Land der gelebten europäischen Verständigung [...]"[428], das er mit ähnlicher emotionaler Überwältigung beschrieb und welches ihm, wie seine spätere Zufluchtsstätte Brasilien, als idealtypische Projektionsfläche für seine Ideen diente.[429]

Anfang 1934 siedelte Zweig von Salzburg nach London um, „[...] weil ihm die persönliche Freiheit, die Unverletzlichkeit seines Daseins schon damals in den innerösterreichischen Konflikten nicht mehr gesichert schien."[430]

Brasilien und Argentinien[431], die Zweig 1936 nach einer offiziellen Einladung der brasilianischen Regierung und zur Tagung des PEN-Clubs in Buenos Aires besuchte, schienen ihm als Orte geistiger Zuflucht. Vor allem die Ankunft in Brasilien gestaltete sich als ein Triumphzug des später in Deutschland und Österreich geächteten Schriftstellers. 1941 schließlich entschloss sich Zweig, mit seiner zweiten Frau Lotte endgültig nach Brasilien auszuwandern.[432]

Stefan Zweigs Exilsituation in Brasilien stellte insgesamt eine Ausnahmesituation dar. Weder sah er sich in gleichem Maße wie andere Exilanten mit Visaproblemen[433] konfrontiert, noch hatte er als einer der

---

428 Matthias, In: Durzak (1973): 293
429 „Dieser Taumel, diese wohlige Schwindligkeit übertrug sich auch ins Geistige. Jeder Baum schien mir höher, jeder Berg freier, jede Landschaft beglückender [...]. Nie aber habe ich den Sinn seines Daseins sosehr empfunden: die schweizerische Idee des Beisammenseins der Nationen im selben Raume ohne Feindlichkeit, diese weiseste Maxime, durch wechselseitige Achtung und eine ehrlich durchlebte Demokratie sprachliche und volkliche [sic!] Unterschiede zu Brüderlichkeit zu erheben – welch ein Beispiel dies für unser ganzes verwirrtes Europa! Refugium aller Verfolgten, seit Jahrhunderten Heimstatt des Friedens und der Freiheit, gastlich jede Gesinnung bei treuester Bewahrung seiner besonderen Eigenart – wie wichtig erwies sich die Existenz dieses einzig übernationalen Staates für unsere Welt! Zu Recht erschien mir dies Land mit Schönheit gesegnet, mit Reichtum bedacht. Nein, hier war man nicht fremd; ein freier, unabhängiger Mensch fühlte sich in dieser tragischen Weltstunde hier mehr zu Hause als in seinem eigenen Vaterland.", Zweig: Die Welt von Gestern (1941): 274
430 Matthias, In: Durzak (1973): 294
431 „Umso beglückender bot sich dann der Blick auf Argentinien. Da war Spanien noch einmal, seine alte Kultur, behütet und bewahrt in einer neuen, weiteren, noch nicht mit Blut gedüngten, noch nicht mit Hass vergifteten Erde. [...] Unermessliche Beglückung und eine Art neuer Zuversicht kamen über mich.", Zweig: Die Welt von Gestern (1941): 414
432 „Man weiß nicht, was besser ist, hier zu bleiben oder hinunter zu gehen. Ich leben lieber in Brasilien, Newyork [sic!] wieder hat die Vorteile menschlichen Kontaktes mit alten Freunden und gewisse Verdienstmöglichkeiten." Zweig an Paul Zech (5.6.1941), In: Zweig, Stefan/Zech, Paul: Briefe 1910-1941, Herausgegeben von Donald G. Daviau, Frankfurt am Main (1986): 111
433 Stefan Zweig besaß die britische Staatsbürgerschaft und die dauerhafte Aufenthaltsgenehmigung für Brasilien.

meistgelesenen und –übersetzten deutschsprachigen Autoren seiner Zeit mit den üblichen finanziellen und existentiellen, durch Publikationsschwierigkeiten hervorgerufenen, Problemen zu kämpfen. Auch gestattete es ihm sein persönliches Vermögen, seinen bisherigen Lebensstil beizubehalten.
Freundschaftliche Verbindungen pflegte Zweig in Petrópolis zu Claudio de Souza, dem Präsidenten des brasilianischen PEN-Clubs, und Ernst Feder, dem ehemaligen Chefredakteur des Berliner Tageblatts, außerdem zu Leopold Stern und Abraão Koogan, seinem brasilianischen Verleger, sowie dem jungen, ebenfalls exilierten Schriftsteller Victor Wittkowski. Trotzdem fehlten ihm seine europäischen Freunde[434], zu denen der Kontakt durch den Krieg und den verzögerten Briefverkehr erheblich erschwert wurde und vor allem seine Bücher und Bibliotheken.[435] Die Tatsache, als deutschsprachiger Schriftsteller keine Leserschaft in der eigenen Sprache mehr zu haben, bedrückte ihn ebenso wie die Angst vor der Ausbreitung der Nazis in Südamerika und einer Involvierung Brasiliens in den Krieg.[436]

Ich fühle mich gehemmt in meinem Wirken in jedem Sinne – in dem Original werden die Bücher vermutlich kaum mehr erscheinen und mein ganzes Denken und Betrachten ist an europäische, ja sogar lateinische Mentalität gebunden; außerdem fehlt mir überall Material.[437]

Die Ruhe und Einsamkeit, die Zweig in Petrópolis gesucht hatte, schlug um in eine zunehmende Vereinsamung, die den in ihm schon angelegten depressiven Zug noch zusätzlich verstärkte.
Der Freitod Zweigs am 23. Februar 1942 in seinem Haus in Petrópolis bei Rio de Janeiro wurde von vielen anderen Emigranten mit Unverständnis aufgenommen und als Bruch der Solidarität mit den anderen Exilschriftstellern gesehen. Für sie war es ein Politikum und „[...] ein[en] Verrat an der Sache des anderen Deutschlands".[438]
Trotz seiner weltoffenen und kosmopolitischen Art schien Zweig eine ′tiefe, geheime Bindung` an Österreich und zu Wien im Besonderen gehabt zu

---

434 „[A]ber was wir vermissen, ist die Aussprache mit Leuten von unserem Niveau.", Zweig an Friderike Zweig (04.02.1942), In: Unrast der Liebe (1981): 289
435 „Was fehlt, sind Bücher und für einige Arbeiten, die ich seit Jahren vorbereitet habe das Material, das ich in Europa zurückgelassen. Wo immer ich etwas versuche, fehlt mir eine kleine oder große Dokumentierung, und dies ist der einzige Vorteil in Nordamerika, dass man jedes Buch, das man braucht, in einer Viertelstunde zur Hand haben kann, während wir hier von Erinnerungen zehren, auf Zufälliges angewiesen sind und vielleicht nach einiger Zeit den richtigen literarischen Weltblick einbüssen werden.", Zweig an Paul Zech (25.12.1941), In: Briefe 1910-1942 (1986): 112
436 Vgl.: Prater (1991): 332
437 Zweig an Friderike Zweig (27.10.1941), In: Unrast der Liebe (1981): 280
438 von der Grün, Max: Nachwort, In: Beck, Knut (Hrsg.): Das Stefan Zweig Buch, Frankfurt am Main (1981): 403

haben, „[...] an diese >weltoffene Stadt<, die ihm zugleich die Heimat und die Verbindung mit Europa, der abendländischen Kultur und den Freunden in aller Welt bedeutete."[439] Ausgelöst durch die Exilsituation litt er an Heimweh und empfand sich offensichtlich mehr als Österreicher beziehungsweise Wiener als er es sich bis dahin eingestanden hatte.
Die Begegnung mit dem Fremden und der darin immanente Gegensatz zum Eigenen, den die Ausgewanderten in ihrer neuen Heimat erlebten, bildeten den Hintergrund für das Gefühl innerer Gespaltenheit, Selbstentfremdung und Identitätsverlustes.

> *Emigration bedingt eine Verschiebung des Gleichgewichts, sie ist eine Gleichgewichtsstörung, weil der einzelne plötzlich nicht mehr dasselbe Gewicht im Sinne der Geltung hat wie vordem; das führt dann epidemisch zu seelischer Verstörung.*[440]

Die in Brasilien verfasste deutsche Exilliteratur zeigt dieses Schwanken zwischen Bejahung und Abwehr des anderen Kulturraums, indem sie sich oft der Vergangenheit zuwendet, die einen „[...] kulturgeschichtlichen Zufluchtsraum verkörpert, mit dem sich die Vorstellung einer heilen Welt und identitätsstiftenden Gefühlen wie Zugehörigkeit und Geborgenheit verknüpfen."[441]
Stefan Zweigs im Exil geschriebene Autobiographie „Die Welt von Gestern. Erinnerungen eines Europäers" ist symptomatisch für dieses Phänomen. Die Ablehnung der Realität kommt gerade auch durch das „Übersehen" von technischem Fortschritt, Industrialisierung, Rassenproblemen, wachsender sozialer Ungleichheit und totalitären politischen Strömungen, kurz, den Resultaten des Modernisierungsprozesses zum Ausdruck und zeigt die Exilproblematik im Brasilien-Buch auf. Statt sich dieser Realität zu stellen, beschwört Zweig Brasilien als verklärtes Gegenbild zu Europa. Gleichzeitig stellt sich bei Zweig das Problem ein, dass er seine Ideale von Menschlichkeit und Toleranz auch nach den Erfahrungen der beiden Weltkriege nicht aufgeben wollte. Er sah sich gezwungen eine „vollkommene" Gesellschaft an einem „vollkommenen" Ort ausfindig zu machen, an dem sich seine Ideale erfüllen ließen, denn „[e]ven in his blackest moods, however, which came with increasing frequency in his last years, Zweig would not allow that >ideas< can be destroyed."[442]

---

439 Matthias, In: Durzak (1973): 297
440 Zweig an Thomas Mann (29.07.1940), In: Zweig: Briefe an Freunde (1978): 317-318
441 Fleischer, Marion: „... und am Himmel fehlt der große Bär", In: Staden-Jahrbuch Brasilienkunde, 37/38, (1989/1990): 101
442 Steinman, Lionel B.: The Eclipse of Humanism: Zweig Between the Wars, In: Modern Austrian Literature, Special Stefan Zweig Issue, Volume 14, Number 3/4 (1981): 150

4.6. Brasilien als traditionelle Projektionsfläche utopischer Vorstellungen vom ´Land der Zukunft`

Brasilien war seit seiner „Entdeckung" 1500 ein bevorzugtes Ziel für Naturforscher, Ethnographen, Abenteurer und Auswanderer und bediente in deren Berichten, bedingt durch seine Größe und seine exotische Natur, immer wieder den Imagotyp für das Paradies, das Land der Zukunft und das sagenumwobene El Dorado.

Genährt wurden solche Vorstellungen in der Frühzeit der Kolonisierung des Landes durch die Reiseberichte unter anderem Marco Polos[443], Christopher Kolumbus´[444], Amerigo Vespuccis[445], Hans Stadens[446], Jean de Lérys[447], Michel de Montaignes[448], Alexander von Humboldts[449] und durch die portugiesischen Chroniken.

Die Entdeckung und Wahrnehmung des Fremden und ebenso der Anblick der unglaublich schönen und reizvollen brasilianischen Landschaft wird in den meisten Texten in Form eines Vergleiches mit den Vorstellungen vom himmlischen Paradies, vom El Dorado, beziehungsweise dem ´versprochenen Land` aus dem alten Testament geschildert, das dem Ankömmling durch seine natürlichen und uneingeschränkten Ressourcen alle wirtschaftlichen und gesellschaftlichen Möglichkeiten bietet. Brasilien wird in der Literatur als Ort des Glücks dargestellt, der politischen, religiösen, sozialen und moralischen Freiheit, sowie des Wohlstandes. Außerdem bietet es sich dem desillusionierten Europäer, der einen Neubeginn sucht, als bisher uneingenommener Zufluchtsort.

Die Brasilienbilder enthüllen sich unter einer räumlichen und einer menschlichen Perspektive: entweder als das irdische oder psychologische Paradies, d.h. ein Paradies, das innere Glückseligkeit und Zufriedenheit gewährleistet. Die Fruchtbarkeit und die Naturschönheit [...] signalisieren Brasilien als irdisches Paradies.[450]

---

443 dessen Reiseschilderungen durch Zentralasien und China zunächst, durch die Vorstellung Kolumbus´ Indien entdeckt zu haben, auf den amerikanischen Kontinent transferiert wurden.
444 „Los cuatro viajes del almirante y su testamento"
445 „Novus Mundus" (1503), ist der erste Text, der in Europa von der Existenz Brasiliens berichtete.
446 „Wahrhaftige Historie und Beschreibung einer Landschaft der Wilden, Nacketen, grimmigen Menschenfresser, in der neuen Welt Amerika gelegen" (1557)
447 „Brasilianisches Tagebuch (1557)
448 „Les essais", darin : „Von den Menschenfressern" (1580)
449 „Reise in die Aequinoktialgegenden des Neuen Kontinents (1805)
450 Ribeiro de Sousa, Celeste H.M.: Brasilien zwischen poetischer Metapher und Imagotyp, In: Shichij, Yoshinori: Begegnung mit dem „Fremden": Grenzen – Traditionen – Vergleiche (Akten des VIII. Germanisten-Kongresses, Tokyo 1990), Band 6, München (1991): 57

Die Reisenden, die auf den amerikanischen Kontinent und speziell nach Brasilien kamen, entdeckten dort genau das wieder, was ihnen aus den klassischen Mythen bekannt war und ihre Erwartungen und Vorstellungen des Neuen vorformte.

[…] Brasilien erscheint in den Texten der deutschen Literatur als eine große Metapher oder sogar Allegorie für einen imaginären, utopischen Raum. Brasilien wird von den Schriftstellern deutscher Kultur genauso beschrieben und literarisch gestaltet, wie sie sich das Land vorstellen, und nicht wie es in Wirklichkeit ist. Brasilien ist im Wesentlichen vor ihren Augen nur schöne Urnatur, reiche Umgebung und sanfte Stimmung.[451]

Die autochthone Bevölkerung des Landes wird in der Regel als einfach und freigiebig geschildert und mit Attributen wie edel, rein, primitiv und exotisch versehen. Der durch Rousseau geprägte Begriff vom „homme naturel", beziehungsweise das Idolbild des „edlen Wilden" der zweiten Hälfte des 18. Jahrhunderts bietet sich hier als Vergleich an.[452] Eine der ersten Beschreibungen der Brasilianer stammt von Amerigo Vespucci, dessen Schilderung klar das Denken und die utopischen Vorstellungen der Europäer von der indigenen Bevölkerung Brasiliens prägte.

Was nun die Völker angeht: Wir haben in diesem Land eine solche Menge vorgefunden, dass niemand sie aufzählen könnte. Es sind sanfte, umgängliche Leute; alle, Männer und Frauen gehen nackt und bedecken ihren Körper an keiner Stelle, und so gehen sie bis zum Tode. […] Sie haben kein privates Eigentum, denn alles gehört der Gemeinschaft. Sie leben miteinander ohne König oder Herrscher. Jeder Mann ist sein eigener Herr und besitzt so viele Weiber, wie er will. Sie haben keine Tempel und keine Gesetze, die verehren nicht einmal Götzen. […] Sie leben ganz nach den Gesetzen der Natur […] Und wenn das Paradies auf Erden irgendwo auf der Welt zu finden ist, dann sicherlich unweit von hier. Davon bin ich fest überzeugt.[453]

---

451 Ribeiro de Sousa, In: Shichiji (1991): 58
452 Bei der Figur des Naturmenschen handelt es sich um ein Denkmodell, „[…] das nicht aus der Anschauung historischer Tatbestände, sondern an der Betrachtung gegenwärtiger Verhältnisse entwickelt worden ist […]. Die Idee des Naturmenschen bei Rousseau ist ein idealtypischer Begriff mit zugleich philosophischem und ethischem Anspruch, der einerseits in der Diskussion des Zivilisationsgedankens seine dialektische Fruchtbarkeit erweisen sollte, anderseits aber auch, in ganz subjektivem Sinne, der >Natürlichkeit< eine für die Gestaltung der persönlichen Lebensform wertsetzende Bedeutung beimaß. […] Rousseaus Denkmodell zwang zu historischem Denken, zum Vergleich, zur Selbstbegründung wie zur Überprüfung gesellschaftlicher Daseinsformen, wo sie im > edlen Wilden<, wie später noch zu zeigen sein wird, bloß die unterschwelligen Sehnsüchte einer gehobenen europäischen Gesellschaftsschicht zum recht sterilen Hirngespinst verdichtete.", Bitterli (1976): 283
453 Vespucci, Amerigo: Die neue Welt, In: Rodríguez Monegal, Emir: Die neue Welt. Chroniken Lateinamerikas von Kolumbus bis zu den Unabhängigkeitskriegen, Frankfurt am Main (1982): 81-88

Zweig knüpft an einige dieser und andere Stereotypen in seiner Darstellung des brasilianischen Menschen an und zitiert Vespucci in seinem Buch sogar selbst.[454]

Was den Brasilianer physisch und seelisch charakterisiert, ist vor allem, dass er zarter geartet ist als der Europäer, der Nordamerikaner. [...] Der Brasilianer ist ein stiller Mensch, träumerisch gesinnt und sentimental [...].[455]

Er ist gutmütig, arglos, und das Volk hat jenen halb kindlich-herzlichen Zug, wie er dem Südländer oft zu eigen ist, aber doch selten in einem so ausgesprochenen und allgemeinen Maß wie hier.[456]

Einige typische Brasilien-Bilder tauchen in fast allen Werken auf: Der Hinweis darauf, dass das Land noch nicht vollständig erforscht und entdeckt sei und damit verbunden die Idee einer „tierra incognita", die die Formel vom ´Land der Zukunft`, der ´Weltmacht von morgen` oder ´einer Nation im Aufbruch` prägte.[457] Auch das Attribut der Jugendlichkeit im positiven beziehungsweise der Geschichtslosigkeit im negativen Sinn wird oftmals zur Betonung des Entwicklungspotentials Brasiliens angewandt. Die Illusion eines geschichtsfreien Raums, eines noch ´unbeschriebenen Blattes` führte zur Übertragung und Projektion exotisch-utopischer Vorstellungen auf den neuen Kontinent.

Negative Blickwinkel auf das Land, wie der Bericht Hans Stadens über die kannibalistischen Praktiken der ostbrasilianischen Tupinamba-Indianer, rassistisch geprägte und von kulturtheoretischen Vorstellungen[458] durchsetzte Beschreibungen dienten im kolonialen Diskurs hingegen als Legitimation für die Unterwerfung und Zivilisierung Brasiliens. Damit verbunden ist auch die Rechtfertigung zur Vergrößerung der europäischen Einflusszonen und zur Ausübung eines hegemonialen Machtanspruches in der Neuen Welt.[459]

Zweig folgt in seinem Bericht diesen Traditionslinien des Exotismus. Auch er projiziert neben aller leisen Kritik, die er an den Zuständen des Landes übt, seine Träume, Sehnsüchte und Vorstellungen auf sein Gastland und konstruiert sich auf diese Weise sein ´privates Paradies`. Das Andere, die exotische Ferne, dient als Fläche für seine Wunschprojektion, als Kontrast zur vertrauten, zivilisierten Lebenswelt und ihrer sozialen Alltäglichkeit.

---

454 Zweig (1997): 23
455 Zweig (1997): 143
456 Zweig (1997): 145
457 Vgl.: Briesemeister, Dietrich: Das deutsche Brasilienbild im 19. und 20. Jahrhundert, In Bauschinger, Sigrid/Cocalis, Susan L.: „Neue Welt"/„Dritte Welt". Interkulturelle Beziehungen Deutschlands zu Lateinamerika und der Karibik, Tübingen/Basel (1994): 66
458 Beispielsweise die deterministische Kulturtheorie mit ihren drei Faktoren Rasse, Milieu und Klima, Vgl.: Briesemeister, In: Bauschinger/Cocalis (1994): 76
459 Briesemeister, In: Bauschinger/Cocalis (1994): 73

> *Knapp zwanzig Jahre zuvor hatte Stefan Zweig sich über die Naturvergötterung lustig gemacht, die bei Chateaubriand und den Zeitgenossen des späten 18. Jahrhunderts ausbrach, als man aufklärungssatt und zivilisationsmüde, zurück zur Natur floh und Huronen und Irokesen als „bessere Menschen" feierte. Nun, im Angesicht des größten Vernichtungskrieges der Menschheit, wird dieser Autor selbst zum Naturschwärmer und spätzeitlichen Rousseauisten.*[460]

Trotz der sich verändernden politischen Rahmenbedingungen und dem zunehmenden Austausch zwischen der Alten und der Neuen Welt bleiben viele der im Laufe der Jahrhunderte entstandenen Vorstellungen, Vorurteile, Klischees und phantastischen Projektionen lange Zeit bestehen. Erst im Zuge der postkolonialen Kritik werden diese langsam abgebaut.

4.7. „Brasilien. Land der Zukunft" – eine Auftragsarbeit?

Nach dem Erscheinen des Brasilien-Buches kam das Gerücht auf, Zweig habe „Brasilien. Ein Land der Zukunft" im Auftrag der Vargas-Regierung verfasst. Tatsächlich wurde Zweig schon 1936 als Gast des Außenministeriums[461] im staatseigenen Automobil bis nach Petrópolis gefahren, traf mit Familienmitgliedern des Präsidenten Vargas zusammen[462] und stand außerdem in Kontakt mit Lourival Fontes, dem Chef des Propagandaministeriums (DIP) der Regierung. Dieser war es auch, der bei dem Besuch Zweigs im Norden des Landes die Flugreise für ihn und seine Frau finanzierte[463] und ihnen einen Journalisten als Begleitung und persönlichen Dolmetscher zur Seite stellte.[464]

> *Die brasilianische Regierung hatte großes Interesse daran, Zweigs Vorhaben* [eines Brasilien-Buches] *zu unterstützen, in dem sie eine wertvolle Reklame für ihr Land sah. So bot sie ihm beträchtliche Vergünstigungen an, insbesondere für die Reisen in die nördlichen Staaten, die er noch nicht kannte und die er auf seiner Rückreise in die USA zu besichtigen vorhatte.*[465]

---

460 Brode, Hanspeter: Ein Österreicher in den Tropen. Zur Neuausgabe von Stefan Zweigs Brasilien-Buch, In: Frankfurter Allgemeine Zeitung, (15.2.1982): 24

461 „Heute auf den Inseln mit eigenen Booten der Regierung – ich habe nie solche Paradiese gesehen.", Zweig an Friderike Zweig (26.8.1936), In: Unrast der Liebe (1981): 243

462 Vgl.: Schwamborn, Ingrid: Stefan Zweigs ungeschriebenes Buch: Getúlio Vargas, In: Eicher (2003): 130-131

463 „Ich reise nun in noch größerer Hitze, nach Bahia, Pernambuco, Belem [sic!] […], um dort 10 Tage zu bleiben (ich brauche es für das Buch und habe bis an die Grenze die teure Reise frei).", Zweig an Friderike Zweig (31.12.1940), In: Unrast der Liebe (1981): 268

464 Vgl.: Dines (1981): 253

465 Prater (1991): 303

Ein brasilianischer Minister dankte Zweig nach dem Erscheinen des Buches zudem mit einem offiziellen Telegramm, als der Autor noch in New York weilte.[466]

All diese Indizien sprachen für die, vor allem in linksintellektuellen und journalistischen Kreise kursierende Meinung, dass die Regierung Zweig gekauft habe, um eine das Land und die staatliche Führung verherrlichende Beschreibung Brasiliens abzufassen. Die Beschönigung der politischen Vorgänge und das Übergehen national-kultureller Bewegungen im Land passen in dieses Bild.

Darüber hinaus kursierten Gerüchte, Zweig habe das Angebot erhalten, eine Biografie über Getúlio Vargas zu schreiben, dies aber abgelehnt.[467]

Auf seiner zweiten Brasilien-Reise 1940 machte Zweig aufgrund eines Vortrages einen Abstecher nach Argentinien, wo er sein, zu diesem Zeitpunkt schon für sechs Monate ausgestelltes Visum im brasilianischen Konsulat von Buenos Aires in ein Dauervisum umwandelte.[468] Und das mitten im Krieg, als die Regierung Vargas nicht nur die Einreisebedingungen für Flüchtlinge aus Europa allgemein erheblich erschwerte, sondern diejenigen für jüdischstämmige Einreisewillige insbesondere.[469] Alberto Dines stellte in Bezug auf diese Gerüchte die These auf, Zweig habe das Buch zwar nicht im Auftrag der Regierung, jedoch im Austausch für ein Dauervisum geschrieben, und das, obwohl Zweig die britische Staatsbürgerschaft und damit mehr Sicherheit als viele seiner Landsleute besaß.

[F]ür die lyrische Darstellung eines Landes bekam er die Kostbarkeit einer Aufenthaltserlaubnis in einem Land auf der anderen Seite des Atlantik.[470]

---

466 Vgl.: Zweig, M. Friderike: Stefan Zweig. Wie ich ihn erlebte, Stockholm (1947): 412
467 Vgl.: Schwamborn, In: Eicher (2003): 138
468 Dines geht davon aus, diese Reise habe nur aus visateschnischen Gründen stattgefunden, Vgl.: Schwamborn, In: Eicher (2003): 136
469 Vgl.: Dines, In: Gelber (1987): 190
470 Dines, In : Gelber (1987): 190, Vgl. auch Schwamborn, In: Schwamborn (1999): 82

5. Die brasilianische „Realität"

Zweigs Darstellungen Brasiliens, die Beschreibung seiner Geschichte, Wirtschaft und Kultur sind in vielen Fällen treffend. Aus seinen Schilderungen ergeben sich aber auch Abweichungen und Ungenauigkeiten in Bezug auf die historisch-politischen und kulturellen Konstellationen im Land. Diese können sowohl als stillschweigendes Übergehen der 'Realität` zu Gunsten der Aufrechterhaltung seines humanistisch-pazifistischen Weltbildes, aber auch als Resultat eines fehlenden politischen Interesses gewertet werden. Seine Auslegung der brasilianischen Wirklichkeit dient aber vor allem der Beschwörung eines idealtypisch-natürlichen Ortes, weitab von den negativen Auswüchsen zivilisatorischen Fortschritts.

5.1. Die Rolle der Jesuiten in der brasilianischen Geschichte

Stefan Zweig schreibt den Hauptverdienst an der Brasilianisierung und der Ausbildung einer multikulturellen Nation im Land dem explizit darauf ausgerichteten Wirken der Jesuiten unter der Führung Manuel da Nôbrega zu. Das höhere, geistige Ziel der Ordensbrüder ist nach Zweig die uneigennützige Formung eines einheitlichen Brasiliens durch das Zusammenwachsen der drei Rassen im Land gewesen.

> *Die Jesuiten, sind die ersten, die nichts für sich und alles für das Land wollen. [...] [S]ie bringen vor allem eine neue Idee, die größte kolonisatorische Idee der Geschichte. [...] [E]ine neue Nation soll hier durch Mischung und Erziehung entwickelt werden.*[471]

Allerdings waren Mission und Eroberung bei der Annexion Lateinamerikas und damit die Interessen von Kirche und Staat[472] miteinander verknüpft.

> *Expansion in the colonial period by the Iberian powers was based on a combination of economic, political and religious motives.*[473]

Der Jesuitenorden, dessen Mitglieder 1549 im Gefolge des ersten Generalgouverneurs Tomé de Souza erstmals nach Brasilien kamen, und der als gegenreformatorische und gegenaufklärerische Speerspitze der

---

471 Zweig (1997): 33-34
472 Das Bündnis von Mission und Kolonialismus nahm im 4. Jahrhundert mit der „konstantinischen Wende" und der Verbindung von Thron und Altar seinen Anfang, wurde in den Zeiten der Kreuzzüge und der Reconquista der iberischen Halbinsel ausgebaut und fand im 15. Jahrhundert durch die Weltgeltung Portugals und Spaniens und der Ausbreitung des Christentums seine „Vollendung", Vgl.: Gründer, Horst: Conquista und Mission, In: Aus Politik und Zeitgeschichte. Beilage zur Wochenzeitung Das Parlament, B 37/92, (04.09.1992): 15
473 Bruneau, Thomas C.: The political transformation of the Brazilian Catholic Church, Cambridge University Press (1974): 12

katholischen Kirche fungierte, sah durch die Mission und die Gewinnung von Seelen eine Möglichkeit, die Macht der katholischen Kirche zu stärken.[474]
In Zeiten der Reformation und dem damit verbundenen Verlust von Gläubigen vor allem in Mitteleuropa spielte die Mission nicht nur für die christliche Gemeinschaft, sondern auch für den Staat eine wichtige Rolle. Christianisierungs- und Besiedelungspolitik gingen eine Synthese ein, denn die Urbevölkerung wurde durch die Taufe auf Grund der päpstlichen Bullen[475], durch die der Papst den Missionierungsauftrag an die weltlichen Mächte Portugal und Spanien übertrug, nicht nur zu Angehörigen des Christentums, sondern gleichzeitig Untertan der jeweiligen Krone. Durch das Patronat waren die kirchlichen Belange ganz in den Machtbereich der Monarchen übergegangen, denn

> *[m]it letztinstanzlicher Autorität beauftragte [...] [der Papst] die „katholischen Könige" Spaniens und Portugals mit der organisatorischen Durchführung des Auftrages* [der Missionierung in der Neuen Welt]. *Unmittelbare machtpolitische oder wirtschaftliche Interessen sind [...] nicht zu erkennen. Freilich geht die Kirche in organisatorischer und ökonomischer Hinsicht, eine enge, wahrscheinlich wohl: zu enge Bindung an den Staat ein.*[476]

Eine Interessensparallelität von Staat und Kirche scheint zudem in ökonomischer Hinsicht nahe liegend, da die Kirche durch die Übertragung der Eintreibung des Zehnten am wirtschaftlichen Wohlstand der iberischen Reiche direkten Anteil hatte.[477]

---

474 Die Jesuiten betrieben nicht nur außerhalb Europas ihre Missionierungsversuche, auch in Europa traten sie durch die Förderung der typisch katholischen, sinnlichen Frömmigkeit, die eine große Attraktivität auf die Gläubigen ausübte, in den Dienst der katholischen Kirche, Vgl.: Hartmann, Peter C.: Die Jesuiten, München (2001): 31-32

475 Portugal erhielt unter anderem 1455 mit der Bulle „Romanus Pontifex" das Recht, neu entdeckte Gebiete in seinen Besitz zu nehmen, als auch das Recht sowie auf freie Schifffahrt in diesen Gebieten. 1493 wurde Spanien durch die Bulle „Inter cetera" gleiches Recht zu gestanden und eine Demarkationslinie gezogen, die die Welt in ein portugiesisches und ein spanisches Einflussgebiet teilte und die im Vertrag von Tordesilla (1494) politische Anerkennung erhielt. Das Recht zur Unterwerfung Ungläubiger und der Auftrag zur Verbreitung des christlichen Glaubens wurde in den beiden Bullen „Dum diversas" (1452, Portugal) und „Eximinae devotionis" (1493, Spanien) festgehalten. Die Monarchen erhielten anbei das Präsentationsrecht für kirchliche Ämter und Würden und das Recht, den Zehnten in den eroberten Gebieten einzuziehen. 1508 wurde Spanien mit der Bulle „Universalis Ecclesiae" das universale Patronatsrecht über die amerikanische Kirche übertragen, Vgl.: Wriedt, Markus: Kirche und Kolonien in der frühen Neuzeit. Der Aufbau des lateinamerikanischen Kirchenwesens im 16. Jahrhundert, In: Saeculum (1993), 44 (2-4): 223-225; Gründer (1992): 5-7; Brueneau (1974): 13-14

476 Wriedt (1993): 227

477 Vgl.: Wriedt (1993): 227

Nicht nur die Bullen dienten Portugal und Spanien als Legitimation zur Vergrößerung ihrer Machtbereiche, auch die Arbeit der Missionare vor Ort trug zur Ausdehnung der portugiesischen und spanischen Kolonialreiche bei. Die Ordensbrüder trieben in den unerforschten Randgebieten der Kolonialreiche ihre „conquista espiritual" voran und konnten so für die Krone neben Untertanen auch zusätzliche Landgewinne verzeichnen.

Die Bettelorden und allen voran die Jesuiten unterschieden sich aber insofern von der feudalen Kirche, als sie die Missionierung an erster und die Errichtung einer idealen gesellschaftlichen und wirtschaftlichen Ordnung an zweiter Stelle betrieben.[478] Vor allem hinsichtlich des Ausbaus des Bildungswesens in Brasilien, das bis zur Vertreibung der Jesuiten ausschließlich in den Händen des Ordens lag, konnten dessen Mitglieder große Erfolge verzeichnen. Auch die Jesuitenreduktionen, unter ihnen der Jesuitenstaat in Paraguay, können abgesehen von der Kritik am paternalistischen Charakter des Unternehmens[479] als positiv bewertet werden. Sie stellten ein humanes Gegenprojekt zur Leibeigenschaft und zur Ausbeutung der indigenen Bevölkerung durch die weltlichen Encomenderos dar.

Aus dem eigenen kulturellen Superioritätsgefühl und ihrer Beurteilung der Inferiorität der eingeborenen Kulturen, soweit sie überhaupt als >Kulturen< anerkannt wurden, entsprang für sie die Aufgabe, sich für die >minderbegabte Rasse< verantwortlich zu fühlen.[480]

Die Ordensbrüder stellten sich zwar gegen kolonialpraktische Methoden, nie aber gegen das Kolonialsystem als Ganzes. Das gewaltsame Vorgehen zur Bekehrung der Heiden wurde durch die Kirchenvertreter in der Regel mit den Thesen des „bellum iustum" gerechtfertigt, ein Verfahren, gegen das sich vor allem der Dominikanermönch Bartolomé de las Casas aussprach.
Nachdem vor allem die innerkatholische Kritik an den Missionsmethoden der Jesuiten weltweit immer mehr zugenommen hatte[481], wurde der Orden 1768 aus der Neuen Welt vertrieben.

5.2. Die historisch-politische Situation: Der 'Estado Novo' unter Getúlio Vargas
Das Jahr 1930 stellt eine Zäsur in der brasilianischen Geschichte und den Beginn des modernen Brasiliens dar.

---

478 Vgl.: Hartmann (2001): 52
479 Die Jesuiten bildeten keine indigene Führungsschicht oder einen einheimischen Priesternachwuchs aus, Vgl.: Hartmann (2001): 55
480 Gründer (1992): 32
481 Vgl.: Ludwig, Frieder: Zur „Verteidigung und Verbreitung des Glaubens". Das Wirken der Jesuiten in Übersee und seine Rezeption in den konfessionellen Auseinandersetzungen Europas, In: Zeitschrift für Kirchengeschichte, 112 (2001), Vierte Folge XLX: 64; Bruenau (1974): 19

Nicht ein politischer Wille zur Veränderung, sondern die unumgängliche Akzeptanz der aufgezwungenen Realität bestimmten die Politik der 1930er Jahre.[482]

Durch innere Unruhen im Zuge der Weltwirtschaftskrise und nach den Unklarheiten über den Wahlausgang 1930 kam Gétulio Vargas mit der Unterstützung großer Teile des Heeres durch einen Aufstand an die Macht. Zuerst übernahm er als vorläufiger, ab 1934 als gewählter und schließlich ab 1937 als außerordentlicher Präsident die Staatsgeschäfte.[483] 1937 proklamierte Vargas den autoritär-diktatorischen, an faschistische und korporatistische Systeme angelehnten ´Estado Novo`. Die bisher formell gültige Verfassung wurde außer Kraft gesetzt, der Neue Staat unter Vargas verbot andere politische Parteien und unterstellte die Presse einer staatlichen Zensur. Der praktizierte Populismus hatte, auch nach dem Sturz Vragas´ 1945, prägenden Einfluss auf die weiterführende brasilianische Politik.

Vargas orientierte sich an faschistisch-politischen Mustern und „da mesma forma que na Itália, Vargas era muito admirado na Alemaha."[484] Stefan Zweig aber beschreibt das Land unter Vargas folgendermaßen:

Wer immer dieses Volk regierte, war unbewusst genötigt, sich dieser inneren Konzilianz anzupassen; es ist kein Zufall, dass es – unter allen Ländern Amerikas jahrzehntelang die einzige Monarchie – als Kaiser den demokratischsten, den liberalsten aller gekrönten Regenten gehabt hat und heute, da es als Diktatur gilt, mehr individuelle Freiheit und Zufriedenheit kennt, als die meisten unserer europäischen Länder.[485]

Innenpolitisch gab es in dieser Zeit in Brasilien sowohl integrative als auch nationalsozialistisch-faschistische Tendenzen. Die ´Ação Integralista Brasileira`, gegründet 1932, plädierte für eine systematische Brasilianisierung, die die verschiedenen sozialen und ethnischen Bevölkerungsgruppen durch einen übergreifenden Nationalismus zusammenhalten sollte.

By the end of 1934 Integralism had become a significant force in the political arena, claiming 180.000 members. It reflected Nazi activities chiefly in its energetic anti-Semitic campaign [...].[486]

---

482   Bernecker, Walther L./Pietschmann, Horts/Zoller, Rüdiger: Eine kleine Geschichte Brasiliens, Frankfurt am Main (2000): 240
483   Vgl.: Jacob, Ernst Gerhard: Grundzüge der Geschichte Brasiliens, Darmstadt (1974): 223
484   ... genau wie in Italien wurde Vargas auch in Deutschland sehr bewundert [Übersetzung der Verfasserin], Tucci Carneiro, Maria Luiza: O Anti-Semitimso na era Vargas. Fantasma de uma geração (1930-1945), São Paulo (1988): 253
485   Zweig (1997): 18-19, weitere positive Aussagen über die Regierungszeit Vargas´ finden sich auf den Seiten 155, 158
486   Levine, Robert M.: The Vargas Regime. The critical years, 1943-1938, New York/London (1979): 83

Die Integralisten erhofften sich nach dem Staatstreich Vargas´ eine Beteiligung an der Regierung, wozu es jedoch niemals kam. Nach einem Putschversuch wurde die Gruppe 1938 verboten.[487]
Innerhalb der deutschstämmigen Bevölkerungsgruppe Brasiliens, die weniger zahlenmäßig als vielmehr auf Grund ihres wirtschaftlichen und kulturellen Einflusses vor allem in den südlichen Bundesstaaten des Landes einen großen Einfluss ausübte, formierte sich ab 1931 ein Ableger der NSDAP, die einen ansteigenden Zulauf verzeichnen konnte.[488]
Grundsätzlich waren die Ziele der integralistischen und nationalsozialistischen Gruppen – Antikommunismus, Nationalismus und die Propagierung einer autoritären Staatsidee – nicht so weit von denen der Vargas Regierung entfernt. Auch diese setzte sich für die Nationalisierung Brasiliens durch die Einführung einer Einwanderungsquote ein, „[...] die eine ethnisch einseitige Immigrationsbewegung verhindert sollte."[489] Ab 1935 begannen die brasilianischen Behörden ´Personen semitischer Herkunft` das Visum zu verweigern, da der hohe Anteil jüdischer Immigration Widerstände aktiviert hatte.[490]

Erst auf Drängen von Pius XII. erklärte sich der brasilianische Diktator Getúlio Vargas bereit, 3000 europäische Juden aufzunehmen – vorausgesetzt, sie waren zum Christentum übergetreten.[491]

Außerdem wurden Maßnahmen ergriffen, die auch in neu gegründeten Siedlungen reine Konzentrationen einer ethnischen Bevölkerungsgruppe verhindern sollten. Zudem sollte der Einfluss von Ausländern in der Wirtschaft und im öffentlichen Leben zurückgedrängt und das fremdsprachige, darunter vor allem das deutsche Schulwesen, stark eingeschränkt werden.[492] Es wurden also einerseits Maßnahmen gegen die Einreise von Juden aber auch Schwarzen und Asiaten eingeleitet, andererseits wurde die Durchmischung, das Prinzip des ´abrasileiramentos` positiv belegt

---

487 Vgl.: von zur Mühlen, Patrick: Fluchtziel Lateinamerika. Die deutsche Emigration 1933-1945: politische Aktivitäten und soziokulturelle Integration, Bonn (1988): 188
488 Vgl.: von zur Mühlen (1988): 190
489 von zur Mühlen (1988): 189
490 „No período 37/39, quando começaram as anexações e invasões hitleristas, só conseguiram entrar no país 16.500 judeus, enquanto no período 34/37 [...] teriam entrado 50 mil refugiados judeus. Quanto pior a situação na Europa, menos judeus puderam entrar no Brasil", In der Periode 37/39, als die hitlerschen Annexionen und Invasionen anfingen, schafften es nur 16.500 Juden ins Land zu kommen, während in der Periode 34/37 50 Millionen geflohene Juden Zutritt erhielten. Je schlechter die Situation in Europa war, desto weniger Juden konnten nach Brasilien einwandern [Übersetzung der Verfasserin], Dines (1981): 228
491 Pfersmann, Andreas: Exilland Brasilien. Aperçu zur literarischen Emigration, In: Stadler, Friedrich (Hrsg.): Vertriebene Vernunft II. Emigration und Exil österreichischer Wissenschaft, München (1988): 1012
492 Vgl.: von zur Mühlen (1988): 189

und als „ [...] Merkmal der nationalen Identität und als Quelle von Reichtum, Kraft und Kreativität"[493] stilisiert.

Außenpolitisch verhielt sich Brasilien bezüglich der Geschehnisse auf dem europäischen Kontinent zunächst neutral, nach dem Überfall der Japaner auf Pearl Harbor und der Kriegserklärung Deutschlands an die USA verlangten diese jedoch eine klare Position der Vargas-Regierung. Brasilien brach daraufhin 1942 seine diplomatischen Beziehungen zu Deutschland ab und erklärte im August desselben Jahres seinen Kriegsbeitritt. Mit ein Grund für diese Entscheidung waren die erheblichen wirtschaftlichen Vorteile, die das Bündnis mit den USA Brasilien einbrachte. Der Rücktritt Vargas' wurde ironischerweise mit durch den Kriegseintritt forciert, da der Kampf brasilianischer Soldaten für Demokratie in Europa mit einer am Faschismus orientierten Diktatur in der Heimat nicht in Einklang zu bringen war.[494]

5.3. Industrialisierung und Wirtschaftswachstum

Stefan Zweig beschreibt im Kapitel über die Wirtschaft Brasiliens vor allem die natürlichen Ressourcen des Landes, die er als die „[...] vielleicht wichtigste Zukunftsreserve unserer Welt"[495] wertet. Die ökonomische Entwicklung steht für ihn am Anfang eines noch langen Weges, der, genau wie alle innerbrasilianischen Prozess-Darstellungen in seinem Buch, auf die Zukunft hin ausgerichtet ist.[496]

Die Entstehung einer brasilianischen Industrie im 19. Jahrhundert ist die Folge des Kaffee-Exportbooms. Der wirtschaftliche Aufschwung seit Anfang der 1920er Jahre wiederum ist Resultat des Ersten Weltkriegs. Die Schwierigkeiten, Importgüter aus Nordamerika und Europa ins Land einzuführen, stimulierte die brasilianische Industrialisierung in wichtigen Produktbereichen und durch die fehlende wirtschaftliche Konkurrenz konnte sie sich problemlos entwickeln.[497] Auf Grund der Weltwirtschaftskrise 1929/32 folgt unter Getúlio Vargas eine Phase importsubstituierender Industrialisierung, die von 1930 bis 1990 andauerte. Zunächst als pragmatische Lösung auf Grund zurückgegangener Exporterlöse gedacht, änderte sich an diesem System bis in die 1970er Jahre hinein wenig. Brasilien forcierte die Abkoppelung der Industrie vom Weltmarkt durch strenge Devisen- und Importkontrollen, begleitet von einer expansiven Budgetpolitik zur Stimulierung der binnenwirtschaftlichen Entwicklung.[498]

---

493   Jatahy Pesavento, In: Chiappini/Zilly (2000): 61-62
494   Vgl.: Vgl.: Bernecker/Pietschmann/Zoller (2000): 256
495   Zweig (1997): 83
496   Vgl.: Zweig (1997): 129
497   Vgl.: von zur Mühlen (1988): 187
498   Vgl.: Meyer-Stamer, Jürgen: Industrialisierungsstrategie und Industrialisierungspolitik, In: Briesemeister, Dietrich et al (Hrsg.): Brasilien heute. Politik, Wirtschaft, Kultur (Biblioteca Ibero-Americana, Band 53), Frankfurt am Main (1994): 304-305

Trotz der expliziten Förderung des Industrialisierungsprogramms unter den Präsidenten Vargas und später vor allem unter Juscelino Kubitschek de Oliveira (1956-60) brachte Brasilien keine wettbewerbsfähige Industrie hervor. Die alte Agrarexportwirtschaft und die mit ihr verbundene soziale Gliederung blieben trotz dieser Bemühungen erhalten.

5.4 Multikulturelle Nation und Rassenproblematik in Brasilien

Den größten Raum in Stefan Zweigs Brasilien-Buch nehmen die überschwänglichen Beschreibungen des harmonischen Zusammenlebens von Menschen unterschiedlichster Abstammungen in Form einer einheitlichen Nation ein.

> *Darum bedeutet das Experiment Brasilien mit seiner völligen und bewussten Negierung aller Farb- und Rassenunterschiede durch seinen sichtbaren Erfolg den vielleicht wichtigsten Beitrag zur Erledigung eines Wahns, der mehr Unfrieden und Unheil über unsere Welt gebracht hat als jeder andere.*[499]

Schon zu Zeiten Zweigs kamen allerdings reaktionäre Rassenideologien in Brasilien in Umlauf. Der Sozialforscher und Sozialpolitiker Oliveira Viana vertrat die Auffassung, Vermischung sei eine Frage der ´Züchtung` und der Lyriker Jorge de Lima forderte in seinem Pamphlet „Rassenbildung und Rassenpolitik in Brasilien" die ´Aufweißung` der brasilianischen Bevölkerung.[500]

Die Situation der verschiedenen Ethnien in Brasilien stellt sich noch heute verwirrend dar. Große Teile der Ober- und Mittelschicht sind von der Erscheinung her „weiß", die Unterschicht setzt sich eher aus afro-brasilianischen Bevölkerungsanteilen zusammen, wie Zweig bereits in seinen Beobachtungen über das Leben in den Favelas, den brasilianischen Armenvierteln, festhält.

„Rassismus im Sinne eines >Verhaltens< findet sich zwar recht häufig im Alltag, nicht aber als Ideologie in der offiziellen Politik oder gar in den Gesetzen."[501] Und das afro-brasilianische Kulturerbe ist bei aller ablehnenden Haltung ein „[...] gleichberechtigter und gleich geförderter Teil der brasilianischen Identität"[502].

> *Diese Abwesenheit von wahrnehmbarem Rassismus, wie auch die Existenz unterschiedlicher Kategorien der Wahrnehmung bei Europäern und Brasilianern hat beispielsweise in den 30er Jahren Stefan Zweig zu der Aussage motiviert, dass in Brasilien die Beziehung der Rassen untereinander kein Problem sei.*[503]

---

499 Zweig (1997): 15
500 Vgl.: Dimas, In: Chiappini/Zilly (2000): 55
501 Schelsky, Detlev: Das Verhältnis der Rassen in Brasilien, In: Briesemeister et al. (1994): 138
502 Schelsky, In: Briesemeister et al. (1994): 132
503 Schelsky, In: Briesemeister et al. (1994): 124

Wesentlicher Indikator für die Existenz von rassisch motivierter Diskriminierung ist damals wie heute vor allem die Einkommensverteilung und die soziale Benachteiligung der farbigen Bürger des Landes. Dieses brasilianische System „verdeckter Apartheid" lässt sich nur schwer durchbrechen. Nur eine kleine Minderheit der so genannten Negros und Mulatos schafft den sozialen Aufstieg in die Mittel- beziehungsweise Oberschicht. Neben der Rassendiskriminierung bestehen in Brasilien außerdem klassenspezifisch motivierte Vorurteile: „these dimensions place rich and poor in opposition much more than whites and blacks."[504]

Die Rassendiskriminierung ist Teil der brasilianischen Gesellschaft, in der sich die Denk- und Herrschaftsmuster aus den Zeiten der Sklaverei bis heute gehalten haben: Nach deren offizieller Abschaffung 1888 wurde der überwiegende Teil der ehemaligen Sklaven auf Grund mangelnder Konkurrenzfähigkeit und andauernder Diskriminierung an den Rand der Gesellschaft gedrängt. Erst durch die zunehmende Industrialisierung und den Mangel an Arbeitskräften verbesserten sich die Berufsmöglichkeiten für die afro-brasilianische Bevölkerungsschicht in den 1930er Jahren. Doch die Ausbildung einer Klassengesellschaft im Zuge von Immigration und Verstädterung führte nicht zum Abbau, sondern vielmehr zu einer Verstärkung der im Zusammenhang mit der Sklaverei entstandenen Rassendiskriminierung.[505]

> *Der Weiße ordnet sich in die Gesellschaft als eine Klassengesellschaft ein; der Neger und Mulatte dagegen sieht sich einer sich jeweils verändernden Kombination von Kasten- und Klassensystem gegenüber, die so angelegt ist, dass archaische Einflüsse frei wirken und stets aufs neue eine Rassenordnung beleben, die längst von der geschichtlichen Bühne verschwunden sein sollte.*[506]

In Bezug auf das Verhältnis der weißen gegenüber den indigenen Einwohnern des Landes kann klar von Rassismus gesprochen werden, da eine Überlegenheit der modernen Zivilisation gegenüber den Indianer-Kulturen von den meisten Brasilianern nicht in Frage gestellt wird.[507]

5.5 Soziale Ungleichheit in Brasilien
Sozial benachteiligt ist in Brasilien vor allem „[…] the great mass of oppressed classes, the so-called marginals, mainly blacks and mulattos, the inhabitans of favelas and urban peripheres."[508]

---

504   Ribeiro, Darcy: The Brazilian People. The Formation and Meaning of Brazil, University Press of Florida (2000): 165
505   Vgl.: Schelsky, In: Briesemeister et al. (Hrsg.): Brasilien heute, (1994): 129
506   Fernandes, Florestan: Rassenbeziehungen in Brasilien: Mythos und Wirklichkeit, In: Furtado Celso (Hrsg.): Brasilen Heute, Frankfurt a. M. (1971), zitiert nach Schelsky, In: Briesemeister et al. (1994): 129
507   Vgl.: Schelsky, In: Briesemeister et al. (1994): 135
508   Ribeiro (2000): 147

Das krasse Missverhältnis zeigt sich in der Einkommensverteilung – der Anteil der reichsten zehn Prozent der Einkommensempfänger am Gesamteinkommen lag 1981 bei 46,6%, 1989 schon bei 53,2%, während der Anteil der unteren zehn Prozent bei 0,6% lag[509]-, die wiederum den Abstand zwischen Arm und Reich in den Bereichen von Konsum, Bildung und medizinischer Versorgung markiert.

Zentrale Ursachen sind in erster Linie die Benachteiligung auf der Ebene regionaler Unterschiede, ethnischer Minderheiten, sowie Land- und Wohnungsfragen. Lohnkonflikte und das Fehlen kommunaler Infrastruktur in den Bereichen der Arbeitsvermittlung, Bildung oder medizinischen Versorgung, führen zu sozialer Ungleichheit und zur Ausgrenzung von Bevölkerungsgruppen. Es handelt sich hierbei um ein Problem, das auf Grund der im vorhergegangenen Kapitel kurz skizzierten brasilianischen Gesellschaftsstruktur eng mit der Rassenproblematik[510] zusammenhängt.

Bei Zweig heißt es: „[A]lle Gegensätze, selbst die im Sozialen, haben hier bedeutend weniger Schärfe und vor allem keine vergifteten Spitzen."[511] Die Tatsache, dass in den ´prachtvoll pittoresken Negerhütten`[512] der Favelas ausschließlich die afro-brasilianische Bevölkerung lebt, scheint keine Zweifel an der ´Harmonie` der brasilianischen Lebensart hervorzurufen. Vielmehr noch unterstützt die ´arglose` und zurückhaltende Herzlichkeit sein Bild vom gutmütigen, konzilianten Brasilianer, obwohl sich „[…] sowohl der Bedarf als auch das Einkommen dieser untersten, fast durchweg farbigen Masse […] an der untersten Grenze des Lebensniveaus knapp an dem Nullpunkt bewegt."[513] Interessanterweise ist sich Zweig der Armut bewusst, geht aber von einem geringeren materiellen Bedürfnis der afrobrasilianischen Bevölkerung aus und erhält dadurch sein paradiesisches Bild von Brasilien aufrecht.

5.6. Die Kultur Brasiliens

In seiner Wertung der kulturellen Errungenschaften Brasiliens beruft sich Zweig vor allem auf die Erzeugnisse traditionell-elitärer Kulturgüter wie Literatur, Theater und die klassische Musik und sieht das Land erst am Beginn einer schon ´außerordentlichen`[514], aber noch zu verbessernden Entwicklung. Volkstümliche Kulturerzeugnisse werden vom europäischen Schriftsteller Zweig nicht wahrgenommen, die brasilianische Kultur sieht er vielmehr als

---

509 Vgl.: Koch, Gisela: Einkommensverteilung in Brasilien, In: Briesemeister et al. (1994): 354
510 1987 verdienten rund 45% der Afrobrasilianer höchstens den Mindestlohn, die meisten davon Frauen, Vgl.: Koch, In: Briesemeister et al. (1994): 356
511 Zweig (1997): 16
512 Vgl.: Zweig (1997): 146
513 Zweig (1997): 154
514 Vgl.: Zweig (1997): 169

„[...] Ableger der europäischen Ausdehnung nach Übersee, [...] als Pflanzkultur [...]."[515]

Doch gerade „[...] das Neben-, Über- und Miteinander, sowie die Mischung ganz verschiedener Kulturen: der überlebenden Ethnokulturen der indigenen Völker und der in die portugiesischen Kolonien verschleppten afrikanischen Sklaven, der Elitekultur nach einem lange Zeit auf Europa hin ausgerichteten Kanon, die so genannte Volkskultur [...], [...] [die] Kulturen der Einwanderer der jüngeren Zeit [...]"[516] haben eine besondere kulturelle Dynamik in Brasilien ausgelöst. Die von Zweig nicht wahrgenommene Volkskultur, ein Reservoir an gemeinschaftsstiftender Erinnerung, kultureller Praxis und Raum zur Selbstidentifikation, ermöglichte den unteren Volksschichten in der brasilianischen Geschichte einen Zusammenhalt gegenüber der herrschenden Klasse und der „Kultur der Herren". Güter der Volkskulturen sind der Karneval, der Samba, Capoeira, religiöse Synkretismen und andere Kultformen westafrikanischen Ursprungs.

Die traditionelle Kultur hat schon immer gewirkt als Potential des Widerstandes und der Emanzipation, diente aber auch als ideologisches Instrument der Schaffung und Festigung eines einheitlichen Nationalbewusstseins, der so genannten brasilianischen Identität. Das Nationale wurde über das Volkstümliche, „Authentische" bestimmt.[517]

5.7. Der Aufbruch brasilianischer Kunst

In seinem Brasilien-Buch nennt Zweig eine Reihe brasilianischer Schriftsteller und Künstler, unter ihnen: Machado de Assis, Euclides da Cunha oder Carlos Gomes.

Kein moderner oppositioneller Vertreter findet sich darunter, was Alberto Dines auf die Verbindung Zweigs zu seinem brasilianischen Verleger [518]Abraão Koogan und die Freundschaft zu Claudio de Souza, dem Vorstand des brasilianischen PEN-Clubs, zurückführt.

Diese Freundschaft hat Zweig [...] offensichtlich geschadet, da sie ihn vor den wahren Intellektuellen fernhielt. Jorge Amado, damals ein beginnender Romancier, erwähnte Zweigs Ruhm als Funktion seiner Freundschaften im Kreise der „Salonliteraten".[519]

---

515 Briesemeister, Dietrich: Die Kultur Brasiliens. Zur Einführung, In: Briesemeister et al. (1994): 377
516 Briesemeister, In: Briesemeister et al. (1994): 378
517 Briesemeister, In: Briesemeister et al. (1994): 379
518 Als Stefan Zweig auf Gilberto Freyre, den Verfassers des brasilianischen Klassikers „Herrenhaus und Sklavenhütte. Ein Bild der brasilianischen Gesellschaft" traf, schien er von dem Buch noch nie etwas gehört zu haben, Vgl.: Dines, In: Gelber (1987): 192
519 Dines, In: Gelber (1987): 191

Beide suchten oder hatten die Verbindung zu den Machthabern des Vargas-Regimes, wodurch Zweig das Missfallen der intellektuellen Elite des Landes auf sich zog.[520]

Die Ära des brasilianischen Modernismus und damit die Entstehung einer künstlerischen Avantgarde in Brasilien begann 1917 mit einer Ausstellung der Malerin Anita Malfatti in São Paulo und der ersten Publikation eines seiner wichtigsten Vertreter, Mário de Andrade. Der Modernismus bildete den Beginn tief greifender Veränderungen und eine Zäsur für das bis dahin eher provinzielle Kulturpanorama im Land. Höhepunkt der Bewegung war die ´Semana de Arte Moderno`, die Woche der modernen Kunst, die im Februar 1922 im ´Teatro Municipal` von São Paulo stattfand und die Abhängigkeit der in Brasilien produzierten Kultur von europäischen und nordamerikanischen Vorbildern entblößte. Außerdem wurde die Zeitschrift „Revista de Antropofagia" (Zeitschrift der Menschenfresserei) in den Jahren 1928 und 1929 zu einem wichtigen Organ der modernistischen Kunstströmung in Brasilien.

Die Bewegung des Modernismus richtete sich vor allem gegen den Diskurs der konservativen Kulturinstitutionen und die Literatur der südamerikanischen Belle Epoque und kritisierte die „passive Rezeption" und Orientierung an der europäischen Kunst.[521] Im literarischen Sinn galt die Bekämpfung konkret dem „[...] Parnassianismus, einer realistisch-naturalistischen Ästhetik [...] und letzten Endes aller alten, aus Portugal importierten Rhetorikregeln."[522]

Die „modernistische Revolution" aus dem Jahr 1922 rüttelte die Intellektuellen auf, zwang sie zur Stellungnahme, zum Überdenken ihrer Arbeit, zur Auseinandersetzung mit ihrem Land. Die brasilianische Kunst und Literatur befreite sich von den europäischen Modellen und wurde sozusagen „in einer Woche" [der Woche der Modernen Kunst] *eigenständig und „modern".[523]*

Die Autoren suchten nach antiakademischen Lösungen, orientierten sich an volkstümlichen Ausdrucksformen und strebten eine umgangssprachliche Natürlichkeit in der Literatur an. „[...] [O] Modernismo no Brasil foi importante não porque era modernista mas porque era brasileira."[524]

---

520 Vgl.: Dines, In: Gelber (1987): 191
521 Vgl.: Baitello jun., Noval: Die Dada-Internationale. Der Dadaismus in Berlin und der Modernismus in Brasilien, Frankfurt am Main (1987): 15 und Strausfeld, Mechthild (Hrsg.): Brasilianische Literatur, Frankfurt am Main (1984): 124-125
522 Baitello jun. (1987): 114
523 Strausfeld (1984): 13
524 Der Modernismus in Brasilien war nicht deswegen wichtig, weil er modernistisch, sondern vielmehr weil er brasilianisch war [Übersetzung der Verfasserin], Jackson, David K.: A Vanguardia Literária no Brasil. Bibliografia e Antologia Crítica, Frankfurt am Main (1998): 98

Neben der Gruppe in São Paulo, bestehend unter anderem aus Mário de Andrade und Oswald de Andrade[525], gab es eine gemäßigtere Fraktion in Rio de Janeiro und Recife. Manuel Bandeira, Sérgio Buarque de Holanda, Graça Aranha, Gilberto Freyre, Jorge de Lima, José Lins do Rego sowie Jorge Amado gehörten dieser modernistischen Bewegung an.

Als problematisch für die Bewegung erwiesen sich die nicht nur im literarisch-stilistischen Sinn bestehende Heterogenität, sondern auch politische Differenzen, die im Zusammenhang mit der Bedeutung des Nationalismus aufkamen, was 1924 zur Spaltung der Gruppe führte.[526]

> *Auf der einen Seite steht die Radikalisierung der modernistischen Revolution mit der Gruppe >Pau-Brasil< (Brasil-Holz) und auf der anderen die Gruppe >Verde.Amarelo< (Grün-Gelb), später >Anta< (Tapir), mit nationalistisch konservativen Ansichten. Die >Grupo da Anta< mündet in den dreißiger Jahren in den >Integralismo<, eine radikale nationalistische Bewegung, die dem italienischen Faschismus vergleichbar ist.[527]*

Allgemein kann die Bewegung des Modernismus als Basis für die nachfolgenden kreativen Kunstbewegungen Brasiliens im Estado Novo und unter den Militärregierungen angesehen werden: nicht nur die Literatur Guimarães Rosa sondern auch die Architektur Oscar Niemeyers, die Musik des „Tropicalismo" und das „Cinema Novo" Brasiliens sind Ergebnisse der von den modernistischen Autoren erkämpften und praktizierten Freiheiten.

5.8. Rezeption und Reaktion auf „Brasilien. Ein Land der Zukunft" vor Ort

Als Stefan Zweig 1941 zum letzten Mal nach Brasilien zurückkehrte, war der Empfang im Gegensatz zu seinen ersten beiden Besuchen bedeutend verhaltener. An die Stelle von Verehrung und Bewunderung war eine gewisse Zurückhaltung getreten. Auch einige seiner brasilianischen Freunde verhielten sich dem Schriftsteller gegenüber weniger herzlich.[528]

„Brasil. País do futuro" wurde kurz nach Zweigs Ankunft in Brasilien veröffentlicht und obwohl Afrânio Peixoto dem Buch ein ´schmeichelhaftes Vorwort`[529] vorangestellt hatte und es auch im Land gute Kritiken bekam, war die Begeisterung alles in allem eher gedämpft.[530] Vielen war das Buch nicht

---

525 Die beiden Werke „Macunaíma – der Held ohne jeden Charakter" (1928) von Mario de Andrade und „Memórias Sentimentais de João Miramar (1924) gelten heute als ´Klassiker der Moderne`, Vgl.: Baitello jun. (1987): 116
526 Vgl.: Baitello jun. (1987): 116, 121
527 Baitallo jun. (1987): 121
528 Vgl.: Prater (1981): 318
529 Indem dieser allerdings durch seinen Verweis darauf, dass Zweig das Buch ohne jegliche Unterstützung der Regierung, sondern aus reiner Liebe zu Brasilien geschrieben habe, das Aufkommen gegenteiliger Gerüchte eher noch unterstützte, Vgl. Fußnote: Schwamborn, In: Eicher (2003): 138
530 Vgl.: Prater (1991): 318

repräsentativ genug und verweis zu sehr auf die europäische Tradition des Landes, außerdem wurde es sowohl stilistisch als auch inhaltlich als eine der schwächeren Produktionen des Autors gesehen.[531] In einer Zeitungsrezension hieß es sogar, ein Feind des Landes könne das Buch geschrieben haben.[532] Und es gab Gerüchte, denen zu Folge Zweig das Buch im Auftrag der Vargas-Regierung verfasst habe.

In einigen Kreisen war die Reaktion recht kühl, in manchen unverholen feindselig. Seine persönliche Berühmtheit sicherte zwar dem Werk bei den meisten brasilianischen Lesern eine freundliche Aufnahme. Manche aber waren enttäuscht festzustellen, dass die Errungenschaften, auf die sie am meisten stolz waren, nämlich auf dem Gebiet der Technik und Architektur, so wenig Erwähnung fanden und dass er die Betonung eher auf das Exotische und Pittoreske legte, dessen sie sich eher schämten.[533]

Zweig selber äußerte sich in einem Brief an Friderike, seine erste Frau, folgendermaßen zur Kritik an seinem Buch:

Inzwischen hast Du wohl das Brasilien-Buch bekommen, das wohl zu Deinem Verwundern den Leuten hier nicht enthusiastisch genug war – sie lieben im Land gerade das nicht, was wir lieben und sind auf ihre Fabriken und Kinos viel mehr stolz als auf die wunderbare Farbigkeit und Natürlichkeit des Lebens.[534]

Die gefühlsbetonte Liebeserklärung aber, die Zweig dem Land bei allen Ausklammerungen macht, wurde von vielen Brasilianern positiv aufgenommen und als eine Art Seelenverwandtschaft zu ihrer eigenen Wesensart interpretiert.[535]

A introdução famosa do „BRASIL, PAIS DO FUTURO", é uma pagina ardente de emoção e certezas, que cativa aos nossos patricios. Esse escritor teve a observação precisa, a auscultou sabiamente toda a Nação. Costumes, habitos, inclinações, sentimentos, passado, presente e futuro, tudo esta bem fotografado, num estilo claro e limpido. E é como um profeta, augurando para o Brasil dias luminosas.[536]

---

531 Vgl.: Thimann (1989): 137
532 Vgl.: Zweig, Friderike (1947): 415
533 Prater (1991): 318
534 Zweig: Brief an Friderike Zweig vom 10.09.1941, In: Zweig (1981): 275-276
535 Vgl.: Kießling (1983): 385 und Thimann (1989): 139
536 Die berühmte Einleitung zu „Brasilien. Ein Land der Zukunft", ist eine Seite brennend vor Emotion und Wahrheiten, die unserer Landsmänner für sich einnimmt. Dieser Schriftsteller hatte eine präzise Beobachtungsgabe, er befragte wohlweislich die ganze Nation. Sitten und Bräuche, Gewohnheiten, Neigungen, Gefühle, Vergangenheit, Gegenwart und Zukunft, alles ist gut fotografiert in einem klaren und sauberen Stil. Er ist wie ein Prophet, der leuchtenden Tage für Brasilien ankündigt [Übersetzung der Verfasserin], Azevedo, Raul de: Vida e morte de Stefan Zweig (Edição especial de „ASPECTOS", revista brasileira, Coordenação), Rio de Janeiro (1942): 25

Viajara o mundo inteiro. Viu as paisagens celebres da Europa, os panoramas sosegados [sic!] da Suiça. Conhecia quasi todos os Paizes do globo, alguns dos quais ainda não chegou a guerra ... Mas ele queria o Brasil, amava o Brasil. [...] Era um emotivo. Essa sentimentalidade matou-o.[537]

Die anfängliche Popularität des Buches ergab sich daraus, dass der Autor sich schon vor seiner Beschäftigung mit dem Land großer Beliebtheit bei den Brasilianern erfreute. Das Werk wurde 1960 und 1981 neu aufgelegt, fand aber weder bei der Kritik noch der Leserschaft besondere Beachtung. Ein Grund für das zurückgegangene Interesse an Zweig und seinem Brasilien-Buch wird in der Tatsache gesehen, dass die Realität Brasiliens selbst die optimistische Vision des Schriftstellers von der Zukunft widerlegt hat beziehungsweise immer noch widerlegt. Das Werk ist speziell den neunzehndreißiger und -vierziger Jahren brasilianischer Entwicklung verbunden und hat damit für den heutigen Leser nicht mehr den gleichen Aktualitäts- und Interessantheitsgrad.[538]

---

537   Er bereiste die ganze Welt. Er sah die berühmten Landschaften Europas, die ruhigen Panoramen der Schweiz. Er kannte fast alle Länder des Erdballs, zu einigen von denen der Krieg noch nicht gekommen war. Aber er mochte Brasilien, er liebte Brasilien. Er war ein Gefühlsmensch. Diese Sentimentalität tötete ihn [Übersetzung der Verfasserin], Azevedo (1942): 28

538   Vgl.: Thimann (1989): 141; 143-144

6. Schluss

Stefan Zweigs Buch ist kein objektiver Bericht über das Land Brasilien, sondern literarischer Ausdruck seiner Suche nach einem idealen Ort, einem Gegenmodell zum inhumanen Europa seiner Zeit. Die Motivation des Autors für diese Suche generiert sich aus bestimmten Vorstellungen und Idealen, die Zweig Zeit seines Lebens vertrat und die er entgegen seiner Hoffnungen im Europa der Weltkriege nicht verwirklicht, sondern vielmehr noch auf lange Sicht zerstört sah: „[A]bermals war alles Vergangene vorüber, alles Geleistete zunichte – Europa, unsere Heimat, für die wir gelebt, weit über unser eigenes Leben hinaus zerstört."[539]

> *Und da saß ich wie alle anderen in meinem Zimmer, wehrlos wie eine Fliege, machtlos wie eine Schnecke, indes es auf Leben und Tod ging, um mein innerstes Ich um meine Zukunft, um die in meinem Gehirn werdenden Gedanken, die geborenen und ungeborenen Pläne, mein Wachen und meinen Schlaf, meinen Willen, meinen Besitz, mein ganzes Sein.*[540]

Um seine Ideale, deren Verfechtung und Durchsetzung seinen Lebensinhalt gebildet hatten, nicht aufgeben zu müssen, begibt Stefan Zweig sich in der Ferne auf die Suche nach einem Ableger der von ihm vertretenen und bekannten europäischen Tradition und Kultur und glaubt, in Brasilien fündig zu werden. Wie schon die ʻheldenhaften` Konquistadoren, so entdeckt nun Zweig das Land neu, als geeigneten Ort für die Erfüllung seiner Wünsche. In Brasilien findet er seinen Menschheitstraum vom friedlichen Zusammenleben unterschiedlicher Nationen, Ethnien und Religionsgemeinschaften, verbunden durch ein gemeinsames kulturelles Band, verwirklicht. Es hat jedoch manchmal den Anschein, Zweig müsse nicht nur den Leser, sondern auch sich selbst von dieser Ansicht überzeugen. Den eigentlich unfreiwilligen Akt der Transferierung seiner Ideen von Europa weg auf ein südamerikanisches Land versucht Zweig dem Leser als eine freiwillige Handlung vorzustellen. Hierbei zeigt sich das Dilemma des Emigranten, der seinen eigenen kulturellen Identifikationsrahmen aufgeben und gleichzeitig seine Selbstauflösung im Fremden verhindern muss. Die beiden gegensätzlichen Argumentationsstränge zwischen Abgrenzung und Identifikation, Distanz und Nähe zur brasilianischen Kultur, die Zweig im Buch einnimmt, stehen für diesen Konflikt. Der Autor konstruiert sich sein persönliches Brasilien, wobei der negative Blick auf das Eigene den positiven auf das Fremde und umgekehrt die negative Sicht auf das Fremde die positive auf das Eigene formiert. Das Schreiben kann bei Zweig als Prozess der Entscheidungsfindung gewertet werden, mehrere Stimmen scheinen am Werk zu sein, die dem Autor selbst Pro und Contras seiner These vom ʻLand der Zukunft` vorführen. Der Selbstmord Stefan Zweigs ein knappes Jahr nach der Fertigstellung seines Buches in seinem persönlichen Paradies kann als

---

539 Zweig: Die Welt von Gestern (1941): 453
540 Zweig: Die Welt von Gestern (1941): 447

Eingeständnis des utopischen Charakters seiner Ideale gewertet werden, auch wenn er in seinem Abschiedsbrief noch einmal betont, dass es gerade dieses Land sei, in dem er sein Leben gerne von Grund auf neu aufgebaut hätte.[541]

Stefan Zweigs Motto vom 'Land der Zukunft' wird von den Brasilianern selbst gerne mit einem ironischen Nachsatz versehen: „... e sempre séra"[542], auch wenn Brasilien mittlerweile nach „[...] Maßstäben und Gesetzen wirtschaftlichen Wachstums und industriellen Fortschritts [...]"[543] vom Entwicklungs- zum Schwellenland aufgerückt ist und damit dabei sein könnte, „[...] die Schwelle der Initiation zu überschreiten, die Einlass in die verheißene Zukunft gewährt und das erwachte Selbstbewusstsein anzeigt."[544]
Parallel wird heute, am Beginn des 21. Jahrhunderts und knapp sechzig Jahre nach der Veröffentlichung von „Brasilien. Ein Land der Zukunft", nicht mehr von einer Europäisierung der brasilianischen Verhältnisse gesprochen. Vielmehr machen Schlagworte von der Brasilianisierung sozialer und gesellschaftlicher Verhältnisse in Europa die Runde, und das nicht mit einem positiven, sondern einem negativen Beigeschmack.

---

541   Vgl.: Schwamborn, In: Schwamborn (1999): 102
542   ... und wird es immer bleiben [Übersetzung der Verfasserin], Vgl.: Wöhlke, Manfred: Brasilien. Diagnose einer Krise, München (1994): 2
543   Briesemeister, In: Briesemeister et al.: Brasilien heute (1994): 377
544   Briesemeister, In: Briesemeister et al.: Brasilien heute (1994): 377

7. Literaturverzeichnis

Primärliteratur

- Zweig, Stefan: *Das Wien von Gestern, Vortrag. Paris 1940*, In: ders.: Begegnungen mit Menschen, Büchern, Städten, Wien/Leipzig/Zürich (1937), S. 139- 162
- Zweig, Stefan: *Dank an Brasilien, Vortrag. Rio de Janeiro 1936*, In: ders.: Begegnungen mit Menschen, Büchern, Städten, Wien/Leipzig/Zürich (1937), S. 164-171
- Zweig, Stefan: *Geschichtsschreibung von morgen*, In: ders.: Begegnungen mit Menschen, Büchern, Städten, Wien/Leipzig/Zürich (1937), S. 297-322
- Zweig, Stefan: *Der europäische Gedanke in seiner historischen Entwicklung, Vortrag. Florenz 1932*, In: ders.: Begegnungen mit Menschen, Büchern, Städten, Wien/Leipzig/Zürich (1937), S. 324-352
- Zweig, Stefan: Brasilien. Ein Land der Zukunft, Stockholm (1941)
- Zweig, Stefan: Die Welt von Gestern. Erinnerungen eines Europäers, Stockholm (1941)
- Zweig, Stefan: *Die moralische Entgiftung Europas, Ein Vortrag für die Europatagung der Accademia di Roma, 1932*, In: ders.: Zeit und Welt. Gesammelte Aufsätze und Vorträge 1904-1940, Stockholm (1943), S. 234-248
- Zweig, Stefan: *Kleine Reise nach Brasilien*, In: ders.: Zeit und Welt. Gesammelte Aufsätze und Vorträge 1904-1940, Stockholm (1943), S. 288-322
- Zweig, Stefan: Briefe an Freunde, Herausgegeben von Richard Friedenthal, Frankfurt am Main (1978)
- Zweig, Stefan/Zweig, Friderike: Unrast der Liebe. Ihr Leben und ihre Zeit im Spiegel ihres Briefwechsels, Bern (1981)
- Zweig, Stefan/Zech, Paul: Briefe 1910-1942, Herausgegeben von Donald G. Daviau, Frankfurt am Main (1986)
- Zweig, Stefan/Rolland, Romain: Briefwechsel 1910-1940, Zweiter Band 1924-1940, Ostberlin (1987)
- Zweig, Stefan: Brasilien. Ein Land der Zukunft, Frankfurt am Main/Leipzig (1997)

Theoretische Literatur

- Bachmann-Medick, Doris (Hrsg.): Kultur als Text. Die anthropologische Wende in der Literaturwissenschaft, Frankfurt am Main (1996)
- Bachmann-Medick, Doris: *Texte zwischen den Kulturen: ein Ausflug in „postkoloniale Landkarten"*, In: Böhme, Hartmut/Scherpe, Klaus R.: Literatur und Kulturwissenschaften. Positionen, Theorien, Modelle, Hamburg (1996), S. 60-77

- Berg, Eberhard/Fuchs, Martin (Hrsg.): Kultur, soziale Praxis, Text. Die Krise der ethnographischen Repräsentation, Frankfurt am Main (^{3}1999)
- Biesterfeld, Wolfgang: Die literarische Utopie, Stuttgart (^{2}1982)
- Bitterli, Urs: Die „Wilden" und die „Zivilisierten". Grundzüge einer Geistes- und Kulturgeschichte der europäisch-überseeischen Begegnung, München (1976)
- Böhme, Hartmut/Scherpe, Klaus R.: *Einleitung,* In: ders. (Hrsg.): Literatur und Kulturwissenschaften. Positionen, Theorien, Modelle, Hamburg (1996), S. 7-24
- Brenner, Peter J. (Hrsg.): Der Reisebericht. Die Entwicklung einer Gattung in der deutschen Literatur, Frankfurt am Main (1989)
- Brenner, Peter J.: Der Reisebericht in der deutschen Literatur. Ein Forschungsüberblick als Vorstudie zu einer Gattungsgeschichte (2. Sonderheft Internationales Archiv für Sozialgeschichte der deutschen Literatur), Tübingen (1990)
- Colón, Cristóbal: Los cuatro viajes del almirante y su testamento, Hausgegeben von Ignacio B. Anzoategui, México D.F (1994)
- Fabian, Johannes: Im Tropenfieber. Wissenschaft und Wahn in der Erforschung Zentralafrikas, München (2001)
- Fuchs, Anne/Harden, Theo (Hrsg.): Reisen im Diskurs. Modelle der literarischen Fremderfahrung von den Pilgerberichten bis zur Postmoderne (Tagungsakte des internationalen Symposions zur Reiseliteratur University College Dublin vom 10.-12. März 1994), Heidelberg (1995)
- Gadamer, Hans-Georg: Wahrheit und Methode, Tübingen (^{4}1975)
- Geertz, Clifford: Dichte Beschreibung. Beiträge zum Verstehen kultureller Systeme, Frankfurt am Main (^{6}1999)
- Gnüg, Hiltrud: Utopie und utopischer Roman, Stuttgart (1991)
- Greenblatt, Stephan: Wunderbare Besitztümer. Die Erfindung des Fremden: Reisende und Entdecker, Berlin (1994)
- Honold, Alexander: *Die ethnographische Situation*, In: kultRRevolution Nr 32/33 (1995): Traurige Tropen – Exotismus, S.29-34
- Honold, Alexander: *Das Fremde verstehen – das Verstehen verfremden: Ethnographie als Herausforderung für die Literatur- und Kulturwissenschaft*, In: TRANS. Internet-Zeitschrift für Kulturwissenschaften Nr.1 (September 1997), http://www.inst.at/trans/1Nr/honold.htm
- Honold, Alexander: *Lust am Fremden. Szenen einer interkulturellen Literaturgeschichte*, In: Der Deutschunterricht, Jahrgang 53 (2001), Heft 3, S. 12-21
- Lévi-Strauss, Claude: Traurige Tropen, Frankfurt am Main (1978)

- Lützeler, Paul Michael: *Der postkoloniale Blick. Deutschsprachige Autoren berichten aus der Dritten Welt*, In: Neue Rundschau, 107. Jahrgang (1996), Heft 1, S.54-69
- Nünning, Ansgar/Nünning, Vera (Hrsg.): Konzepte der Kulturwissenschaften, Stuttgart/Weimar (2003)
- Said, Edward W.: Orientalismus, Frankfurt am Main/Berlin/Wien (1981)
- Scherpe, Klaus R./Honold Alexander: *Auf dem Papier sind Indianer weiß, im Ritual die Weißen farbig. Fremdheitsforschung in der Literaturwissenschaft*, In: Humboldt-Spektrum. Forschung und Wissenschaft – Humboldt-Universität zu Berlin, Jahrgang 2 (1995), Heft 4, S.28-34
- Scherpe, Klaus R.: *Grenzgänge zwischen den Disziplinen. Ethnographie und Literaturwissenschaft*, In: Atta Troll tanzt noch. Eine Selbstbesichtigung der literaturwissenschaftlichen Germanistik im 20. Jahrhundert, Berlin (1997), S. 297-315
- Scherpe, Klaus R: *Die Ordnung der Dinge als Exzess. Überlegungen zu einer Poetik der Beschreibung in ethnographischen Texten*, In: Honold, Alexander/Scherpe, Klaus R.: Das Fremde. Reiserfahrungen, Schreibformen, Kulturelles Wissen (Zeitschrift für Germanistik, Neue Folge, Beiheft 2, 1999), Bern (1999), S. 13-44
- Scherpe, Klaus R.: *Kulturwissenschaftliche Motivationen für die Literaturwissenschaft*, In: Der Deutschunterricht, Jahrgang 53 (2001), Heft 3, S. 4-11
- Schlesier, Renate: *Verdichtete Reiseberichte. Zur Geschichte des Homo Viator*, In: Weigel, Siegrid/Neumann Gerard (Hrsg.): Lesbarkeit der kulturellen Literaturwissenschaft zwischen Literaturtechnik und Ethnographie, München (2000), S. 133-148
- Todorov, Tzvetan: Die Eroberung Amerikas. Das Problem des Anderen, Frankfurt am Main (1985)
- Wierlacher, Alois (Hrsg.): Kulturthema Fremdheit: Leitbegriffe und Problemfelder kulturwissenschaftlicher Fremdheitsforschung, München (1993)

Sekundärliteratur zu Stefan Zweig

- Arens, Hanns: Stefan Zweig. Sein Leben – Sein Werk, Esslingen (1949)
- Arens, Hanns (Hrsg.): Stefan Zweig im Zeugnis seiner Freunde, München/Wien (1968)
- Azevedo, Raul de: Vida e morte de Stefan Zweig (Ediçao especial de "ASPECTOS", revista brasileira – Coordenação), Rio de Janeiro (1942)
- Blum, Brunhild E.: *Flucht ohne Zuflucht: Stefan Zweigs Suche nach der verlorenen Welt der Sicherheit im Spiegel seiner Briefe an den brasilianischen Verleger Abrahão Koogan*, In: Seminar: A journal of Germanic Studies, Vol XXIX, Number I, February 1993, S. 262-278

- Bortenschlager, Sigrid/Riemer, Werner: Stefan Zweig lebt (Akten des 2. Internationalen Stefan Zweig Kongresses Salzburg 1998), Stuttgart (1999)
- Brode, Hanspeter: *Ein Österreicher in den Tropen. Zur Neuausgabe von Stefan Zweigs Brasilien-Buch*, In: Frankfurter Allgemeine Zeitung, 15. Februar 1982, S. 24
- Caeiro, Oscar: *"Brasil, un pais del futuro": Utopia intercultural*, In: Boletin de la Literatura comparada, Número especial ACTAS Coloquio Internacional "Stefan Zweig y la literatura del exilio", Buneos Aires, 5-7 de noviembre 1992, Buenos Aires (1994), S. 33-50
- Chiappini, Ligia: *Träumen verboten oder Vergangenheit, Gegenwart und Zukunft: für wen?*, In: Chiappini, Ligia/Zilly, Berthild (Hrsg.): Brasilien, Land der Vergangenheit?, (Biliotheca Ibero-Americana, Band 20) Frankfurt am Main (2000), S. 11-25
- Dahlke, Hans: Geschichtsroman und Literaturkritik im Exil, Berlin (Ost)/Weimar (1976)
- Daviau, Donald G.: *Stefan Zweig: A Model and Victim of the Impressionistic Lifestyle of the Fin de Siècle*, In: Gelber, Mark H./Zelewitz, Klaus: Stefan Zweig. Exil und Suche nach dem Weltfrieden (Die Akten des Internationalen Stefan-Zweig-Kongresses, 18.-23.2.1992 Schloss Leopoldskron, Salzburg), Riverside (1995), S. 167-188
- Dimas, Antino: *Ein Optimist gegen den Strom*, In: Chiappini, Ligia/Zilly, Berthild (Hrsg.): Brasilien, Land der Vergangenheit?, (Biliotheca Ibero-Americana, Band 20) Frankfurt am Main (2000), S. 49-57
- Dines, Alberto: Morte no paraíso. A tragédia de Stefan Zweig, Rio de Janeiro (1981)
- Dines, Alberto: *Der Tod des Entdeckers des Paradieses*, In: Gelber, Mark H.: Stefan Zweig heute, New York (1987), S. 181-200
- Dines, Alberto: *Death in Paradise: A Postscript*, Gelber, Mark H./Zelewitz, Klaus: Stefan Zweig. Exil und Suche nach dem Weltfrieden (Die Akten des Internationalen Stefan-Zweig-Kongresses, 18.-23.2.1992 Schloss Leopoldskron, Salzburg), Riverside (1995), S. 309-326
- Fleischer, Marion: „... *und am Himmel fehlt der große Bär"*, In: Staden-Jahrbuch Brasilienkunde, 37/38, 1989/1990, São Paulo, S. 101-107
- Foot Hardman, Francisco: *Brasilien, Ruinen der Gegenwart*, In: Chiappini, Ligia/Zilly, Berthild (Hrsg.): Brasilien, Land der Vergangenheit?, (Biliotheca Ibero-Americana, Band 20) Frankfurt am Main (2000), S. 83-90
- Furtado Kestler, Izabela Maria: Die Exilliteratur und das Exil deutschsprachiger Schriftsteller und Publizisten in Brasilien, Frankfurt am Main (1992)
- Grün, Max von der: *Nachwort*, In: Beck, Knut (Hrsg.): Das Stefan Zweig Buch, Frankfurt am Main (1981), S. 395-408

- Henze, Volker: Jüdischer Kulturpessimismus und das Bild des Alten Österreich im Werk Stefan Zweigs und Joseph Roths, , Heidelberg (1988)
- Honold, Alexander: *Land der Zukunft oder verlorenes Paradies? Brasilien im Blick der Exilautoren Alfred Döblin und Stefan Zweig*, In: kultuRRevolution Nr. 32/33 (1995): Traurige Tropen – Exotismus, S. 65-68
- Holzner, Johann: *Stefan Zweigs Brasilienbild*, In: Schwamborn, Ingrid (Hrsg.): Die letzte Partie. Stefan Zweigs Leben und Werk in Brasilien (1932-1942), Bielefeld (1999), S. 137-144
- Jatahy Pesavento, Sandra: *Stefan Zweig: ein Blick auf die Geschichte*, In: Chiappini, Ligia/Zilly, Berthild (Hrsg.): Brasilien, Land der Vergangenheit?, (Biliotheca Ibero-Americana, Band 20) Frankfurt am Main (2000), S. 59-65
- Karsen, Sonja P./Ritter, Mark: *Stefan Zweig's and Gilberto Freyre's Views of Brazil as a Country of Future*, In: Moeller, Hans Bernhard: Latin America and the literature of exile: a comparative view of the 20th century European refugee writers in the New World, Heidelberg (1983), 347-361
- Karsen, Sonja: *Brazil as seen by Stefan Zweig*, In: Sonnenfeld, Marion: Stefan Zweig, The world of yesterday's humanist today, Proceedings of the Stefan Zweig Symposium, State University of New York Press, Albany (1983), S. 262-268
- Kießling, Wolfgang: *Der lange Weg nach Petropolis: Stefan Zweig*, In: Sinn und Form. Beiträge zur Literatur (Herausgegeben von der Akademie der Künste der DDR), Heft 1.-6., 35. Jahrgang (1983), S. 376-392
- Matthias, Klaus: *Humanismus in der Zerreißprobe. Stefan Zweig im Exil*, In: Durzak, Manfred (Hrsg.): Die deutsche Exilliteratur 1933-1945, Stuttgart (1973), S.291-311
- Michels, Volker: *„Im Unrecht nicht selber ungerecht zu werden!" Stefan Zweig, ein Autor für morgen in der Welt von heute und gestern*, In: Exil. Forschung, Erkenntnis, Ergebnisse, No.1, Jahrgang 1992, S.4-18
- Michels, Volker: *Ethnische Vielfalt gegen rassische Einfalt. Zur Entstehungsgeschichte von Stefan Zweigs Brasilienbuch*, In: Zweig, Stefan: Brasilien. Ein Land der Zukunft, Frankfurt am Main/Leipzig (1997), S. 285-299
- Pazi, Margarita: *Stefan Zweig, Europäer und Jude*, In: Modern Austrian Literature, Special Stefan Zweig Issue, Volume 14, Number 3/4, 1981, S. 291- 311
- Prater, Donald A.: *Stefan Zweig und die Neue Welt*, In: Stefan Zweig 1881/1981. Aufsätze und Dokumente, herausgegeben von der Dokumentationsstelle für neuere österreichische Literatur in Zusammenarbeit mit dem Salzburger Literaturarchiv, Redaktion Heinz Lunzer, Gerhard Renner, Zirkular Sondernummer 2, Oktober (1981), S. 137-159
- Prater, Donald A.: Stefan Zweig. Eine Biographie, Hamburg (1991)

- Salvadori de Decca, Edgar: *Stefan Zweig, ein Gefangener der Freiheit: Geschichte als Utopie und Erzählkunst*, In: Chiappini, Ligia/Zilly, Berthild (Hrsg.): Brasilien, Land der Vergangenheit?, (Biliotheca Ibero-Americana, Band 20) Frankfurt am Main (2000), S. 67-81
- Schwamborn, Ingrid: *Fatale Attraktion – Stefan Zweig und Brasilien*, In: Schwamborn, Ingrid (Hrsg.): Die letzte Partie. Stefan Zweigs Leben und Werk in Brasilien (1932-1942), Bielefeld (1999), S. 67-104
- Schwamborn, Ingrid: *Stefan Zweigs ungeschriebenes Buch: Getúlio Vargas*, In: Eicher, Thomas (Hrsg.): Stefan Zweig im Zeitgeschehen des 20. Jahrhunderts, Oberhausen (2003), S.129-157
- Schwamborn, Ingrid: *Stefan Zweig, ein Europäer in Brasilien*, In: Chiappini, Ligia/Zilly, Berthild (Hrsg.): Brasilien, Land der Vergangenheit?, (Biliotheca Ibero-Americana, Band 20) Frankfurt am Main (2000), S. 29-48
- Stefan Zweig no país de futuro. Catálogo da exposição commemorativa dos cinqüenta anos da morte do escritor, herausgegeben von der Biblioteca Nacional, Rio de Janeiro (1992)
- Steiman, Lionel B.: *The Eclipse of Humanism: Zweig Between the Wars*, In: Modern Austrian Literature, Special Stefan Zweig Issue, Volume 14, Number 3/4, 1981, S. 146-193
- Wittkowski, Victor: *Erinnerungen an Stefan Zweig in Brasilien*, In: Wittkowski, Victor: Ewige Erinnerung, Rom (o.J.)
- Zelewitz, Klaus: *Stefan Zweig: Exotismus versus (?) Europhilie*, In: Schwamborn, Ingrid (Hrsg.): Die letzte Partie. Stefan Zweigs Leben und Werk in Brasilien (1932-1942), Bielefeld (1999), S.145-158
- Zweig, M. Friderike: Stefan Zweig. Wie ich ihn erlebte, Stockholm (1947)
- Zohn, Harry: *Der tragische Lebensabend eines großen Europäers: Zu Stefan Zweigs Briefen aus dem Exil*, In: Gelber, Mark H./Zelewitz, Klaus: Stefan Zweig. Exil und Suche nach dem Weltfrieden (Die Akten des Internationalen Stefan-Zweig-Kongresses, 18.-23.2.1992 Schloss Leopoldskron, Salzburg), Riverside (1995), S. 124-136

Sekundärliteratur zu Österreich
- Biehl, Wolfdieter: Von der Donaumonarchie zur Zweiten Republik. Daten zur österreichischen Geschichte seit 1867, Wien/Köln (1989)
- Vocelka, Karl: Geschichte Österreichs. Kultur – Gesellschaft – Politik. Graz/Wien/Köln (2000)

Sekundärliteratur zu Brasilien
- Baitello jun., Norval: Die Dada-Internationale. Der Dadaismus in Berlin und der Modernismus in Brasilien, Frankfurt am Main (1987)
- Bernecker, Walther L./Pietschmann, Horst/Zoller, Rüdiger: Eine kleine Geschichte Brasiliens, Frankfurt am Main (2000)

- Briesemeister, Dietrich: *Das deutsche Brasilienbild im 19. und 20. Jahrhundert*, In: Bauschinger, Sigrid/Cocalis, Susan L.: „Neue Welt"/„Dritte Welt". Interkulturelle Beziehungen Deutschlands zu Lateinamerika und der Karibik, Tübingen/Basel (1994), S. 65- 84
- Briesemeister, Dietrich: *Die Kultur Brasiliens. Zur Einführung*, In: Briesemeister, Dietrich et al. (Hrsg.): Brasilien heute. Politik, Wirtschaft, Kultur (Bibliotheca Ibero-Americana, Band 53), Frankfurt am Main (1994), S. 377-383
- Bruenau, Thomas C.: The political transformation of the Brazilian Catholic Church, Cambridge University Press (1974)
- Gründer, Horst: *Conquista und Mission*, In: Aus Politik und Zeitgeschichte. Beilage zur Wochenzeitung Das Parlament, B 37/92, 4. September 1992, S. 3-15
- Gründer, Horst: *Mission und Kolonialismus – Historische Beziehungen und strukturelle Zusammenhänge*, In: Wagner, Wilfried (Hrsg.): Kolonien und Mission. 3. Internationales Symposium 1993 Kolonialgeschichte, Münster/Hamburg (1994), S. 24-37
- Hartmann, Peter C.: Die Jesuiten, München (2001)
- Holanda, Sérgio Buarque de: Visão do paraíso, São Paulo (^{4}1994)
- Holanda, Sérgio Buarque de: Die Wurzeln Brasiliens, Frankfurt am Main (1995)
- Jackson, David K.: A Vanguardia Literária no Brasil. Bibliografia e Antologia Crítica, Frankfurt a. Main (1998)
- Jacob, Ernst Gerhard: Grundzüge der Geschichte Brasiliens, Darmstadt (1974)
- Kahle Günther: *Der Jesuitenstaat von Paraguay*, In: Aus Politik und Zeitgeschichte. Beilage zur Wochenzeitung Das Parlament, B 37/92, 4. September 1992, S. 25-32
- Koch, Gisela: *Einkommensverteilung in Brasilien*, In: Briesemeister, Dietrich et al. (Hrsg.): Brasilien heute. Politik, Wirtschaft, Kultur (Bibliotheca Ibero-Americana, Band 53), Frankfurt am Main (1994), S. 352-363
- Levine, Robert M.: The Vargas Regime. The critical years, 1934-1938, New York/London (1970)
- Ludwig, Frieder: *Zur "Verteidigung und Verbreitung des Glaubens". Das Wirken der Jesuiten in Übersee und seine Rezeption in den konfessionellen Auseinandersetzungen Europas*, In: Zeitschrift für Kirchengeschichte, 112, 2001, Vierte Folge XLX, S. 44-64
- Meyer-Stamer, Jürgen: *Industrialisierungsstrategie und Industriepolitik*, In: Briesemeister, Dietrich et al. (Hrsg.): Brasilien heute. Politik, Wirtschaft, Kultur (Bibliotheca Ibero-Americana, Band 53), Frankfurt am Main (1994), S. 304- 317

- Moreira Leite, Dante: O caráter nacional brasileiro. História de uma Ideologia, São Paulo (1969)
- Mühlen, Patrick von zur: Fluchtziel Lateinamerika. Die deutsche Emigration 1933-1945: politische Aktivitäten und soziokulturelle Integration, Bonn (1988)
- Pfersmann, Andreas: *Exilland Brasilien. Aperçu zur literarischen Emigration*, In: Stadler, Friedrich (Hrsg.): Vertriebene Vernunft II. Emigration und Exil österreichischer Wissenschaft, München (1988), S. 1012-1016
- Ribeiro, Darcy: The Brazilian People. The Formation an Meaning of Brazil, University Press of Florida (2000)
- Ribeiro de Sousa, Celeste H. M.: *Brasilien zwischen poetischer Metapher und Imagotyp*, In: Shichiji, Yoshinori: Begegnung mit dem „Fremden": Grenzen - Traditionen – Vergleiche (Akten des VIII. Internationalen Germanisten-Kongresses Tokyo 1990), Band 6, München (1991), S. 54-59
- Roth, Wolfgang: *Kulturelle Identität*, In: Briesemeister, Dietrich et al. (Hrsg.): Brasilien heute. Politik, Wirtschaft, Kultur (Bibliotheca Ibero-Americana, Band 53), Frankfurt am Main (1994), S. 449-463
- Schelsky, Detlev: *Das Verhältnis der Rassen in Brasilien*, In: Briesemeister, Dietrich et al. (Hrsg.): Brasilien heute. Politik, Wirtschaft, Kultur (Bibliotheca Ibero-Americana, Band 53), Frankfurt am Main (1994), S. 124-139
- Schrader, Achim: *Sozialstruktur*, In: Briesemeister, Dietrich et al. (Hrsg.): Brasilien heute. Politik, Wirtschaft, Kultur (Bibliotheca Ibero-Americana, Band 53), Frankfurt am Main (1994), S. 155-175
- Sievernich, Michael: *Eroberung und Missionierung Lateinamerikas*, In: Aus Politik und Zeitgeschichte. Beilage zur Wochenzeitung Das Parlament, B 37/92, 4. September 1992, S. 16-24
- Sevilla, Rafael/ Ribeiro, Darcy (Hrsg.): Brasilien. Land der Zukunft?, (Länderseminar des Instituts für Wissenschaftliche Zusammenarbeit mit Entwicklungsländern, Tübingen), Bad Honnef (1995)
- Strausfeld, Mechthild (Hrsg.): Brasilianische Literatur, Frankfurt am Main (1984)
- Thimann, Susanne: Brasilien als Rezipient deutschsprachiger Prosa des 20. Jahrhunderts. Bestandsaufnahme und Darstellung am Beispiel der Rezeption Thomas Manns, Stefan Zweigs und Hermann Hesses, Frankfurt am Main (1989)
- Tucci Caneiro, Maria Luiza: O Anti-Semitismo na era Vargas. Fantasma de uma geração (1930-1945), São Paulo (1988)
- Vespucci, Amerigo: *Die neue Welt*, In: Rodríguez Monegal, Emir: Die Neue Welt. Chroniken Lateinamerikas von Kolumbus bis zu den Unabhängigkeitskriegen, Frankfurt am Main (1982), S. 81-88

- Wriedt, Markus: *Kirche und Kolonien in der frühen Neuzeit. Der Aufbau des lateinamerikanischen Kirchenwesens im 16. Jahrhundert*, In: Saeculum, 1993, 44 (2-4), S. 220-242
- Wöhlcke, Manfred: Brasilien. Diagnose einer Krise, München (1994)

Videos
- Back, Sylvio: Stefan Zweig. Der inszenierte Tod, Deutschland (1995)
- Hackl, Wolfgang: Der heimatlose Europäer Stefan Zweig, Österreich (2002)

Allgemeine Nachschlagewerke
- Meyers Grosses Taschenlexikon in 24 Bänden, Mannheim, Leipzig, Wien, Zürich (^{4}1992)
- Der große Plötz. Die Daten-Enzyklopädie der Weltgeschichte. Daten, Fakten, Zusammenhänge, Darmstadt (^{32}1998)

www.ingramcontent.com/pod-product-compliance
Lightning Source LLC
Chambersburg PA
CBHW030446300426
44112CB00009B/1185